KB274964

Das kleine Buch von der Seele

정신이 균형을 잃을 때

정신이 균형을 잃을 때
정신건강 가이드북

초판 1쇄 인쇄일 2025년 12월 23일   **초판 1쇄 발행일** 2025년 12월 31일

지은이 아힘 하우크 | **옮긴이** 장혜경
펴낸이 박재환 | **편집** 유은재·신기원 | **마케팅** 박용민 | **관리** 조영란
펴낸곳 에코리브르 | **주소** 서울시 마포구 동교로15길 34 3층(04003) | **전화** 702-2530 | **팩스** 702-2532
이메일 ecolivres@hanmail.net | **블로그** http://blog.naver.com/ecolivres | **인스타그램** @ecolivres_official
출판등록 2001년 5월 7일 제2001-000092호
종이 세종페이퍼 | **인쇄·제본** 상지사 P&B

ISBN **978-89-6263-332-0 03180**

책값은 뒤표지에 있습니다.   잘못된 책은 구입한 곳에서 바꿔드립니다.

정신이 균형을 잃을 때

정신건강 가이드북

아힘 하우크 지음 | 장혜경 옮김

에코
리브르

차례

영혼과 함께하다　　　　　　　　　　7

정상이란 무엇인가　　　　　　　　　19

정신 질환은 누구 탓인가　　　　　　33

고통이 이름을 얻으면　　　　　　　45

균형을 잃으면: 여러 가지 사례　　　63

정신병원에 온 환자　　　　　　　　101

정신과 의사라는 이상한 종족에 대하여　　143

심리 치료　　　　　　　　　　　　163

약물 치료　　　　　　　　　　　　203

모든 것은 균형의 문제　　　　　　　227

감사의 글　　　　　　　　　　　　241

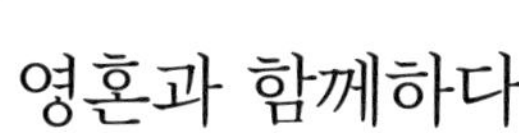# 영혼과 함께하다

눈에 보이지 않는 기관

유명한 의사이자 해부학자·생리학자였던 루돌프 피르호(Rudolf Virchow)는 1821년에 태어나 1902년에 사망했는데, 의사 경력 대부분을 베를린 자선 병원에서 보냈다. 한번은 그가 이런 말을 했다. "살면서 엄청나게 많은 시신을 해부했는데도 여태 영혼을 본 적은 없다." 그렇다면 영혼이나 정신 같은 것은 아예 존재하지 않는 걸까? 아니면 영혼을 보기 위해선 시신이 아니라 산 사람을 해부해야 하는 걸까? 영혼이나 정신이 존재하지 않는다면, 우리는 대체 왜 이런 말을 그토록 자주 쓰는 걸까?

　파우스트는 말했다. "내 가슴속에는 아아(Ach)! 두 개의 영혼이 깃들었나니, 하나가 다른 하나와 떨어지려고 하네." 괴테의 친구 프리드리히 실러(Friedrich Schiller)는 두 사람의 공동 시집 《크세니엔(Xenien)》에 실린 이행시에서 또 이렇게 한탄했다.

영혼이 입을 열면 아아! 하고 말하지.
그러고 나면 벌써 영혼은 사라지고 없다네.

아아!와 영혼

아아!는 영혼을 애달파 하는 시인의 외침으로 그치지 않는다. 고대 이집트 사람들은 아흐(Akh: 달의 신—옮긴이)라는 말을 사용했다. (독일어의 감탄사 Ach와 이집트어 Akh의 발음이 유사한 데서 착안한 일종의 언어유희. 하지만 두 단어는 어원적·문화적으로 아무런 관련이 없다—옮긴이.) 그들은 아흐가 어느 정도는 실재하는 존재라고 생각했고, 그림으로는 흔히 따오기의 모습으로 표현했다. 이집트인에 따르면, 인간에게는 태어나면서부터 '카(Ka)'와 '바(Ba)'가 깃들어 있다. 그리고 살다 보면 거기에 '아흐'가 추가된다. 이 셋은 긴밀한 관계를 맺은 채로 몸속에서 살며, 나중에 영혼이라 불리는 것을 형성한다. 그러니까 고대 이집트 사람들에게는 영혼이 세 개로 나뉘어 있었다. 이렇게 셋으로 나뉜 이유는 인간이 죽은 후에야 밝혀진다. 생명이 몸을 떠나면 카, 바, 아흐도 몸을 떠나 각자 활동하기 시작한다. 바는 거듭 몸속으로 돌아와 직접적인 보호자 같은 역할을 한다. 카는 그림이나 동상 같은 것에서 영향력을 발휘하는 생명력으로, 타인의 기억 속에서 계속 살아간다. 바와 카는 생명이 죽은 후에 서로 협력한다. 그리고 만약 인간이 현세를 올바르게 산 덕분에 아흐가 생성되었다면, 죽은 후 그 아흐는 하늘로 올라가 별이 된다. "내 가슴속에는 아아! 두 개의 영혼이 깃들었나니"라는 표현의 기원을 이보다 멋지게 그려낸 이야기가 있을까? 이는 영혼을 둘러싼 논쟁이 얼마나 오래되었는지를 잘 보여준다. 사실 그것은 늘 인간을 둘러싼 논쟁이었고, 인간이 존재하는 한 계속 이어질 것이다.

영혼의 자리

영혼이 있는 곳은 어디일까? 고대 그리스 때부터 온갖 추측이 난무했다. 머리와 심장은 물론이고 간도 영혼의 집이라고 생각했다. 하지만 그 옛날부터 인간이 골머리를 앓았던 문제는 영혼이 자리하는 곳만이 아니었다. 몸과 영혼의 관계, 요즘 말로 하면 심신(心身) 문제 전체가 인간의 관심사였다. 둘의 관계에 대한 고민 역시 매우 오랜 역사를 자랑한다. 고대 그리스가 낳은 최초의 철학자 중 한 명인 헤라클레이토스는 멋진 비유로 이를 설명했다.

> 거미줄 한가운데에 앉아서도 파리가 줄 하나를 끊으면 당장 그걸 알아차리고 줄이 끊어져서 화가 난 듯 그곳으로 허둥지둥 달려가는 거미처럼, 인간의 영혼은 몸의 일부가 다치면 굳건한 관계를 맺고 있는 그 몸이 다쳐서 속이 상한 듯 그곳으로 허둥지둥 달려간다.

요컨대 영혼은 신체와 특정한 관계를 맺고 있다. 그렇다면 어떤 관계일까? 헤라클레이토스 이후의 철학자들도 영혼을 둘러싼 이런 의문에 큰 관심을 보였다. 플라톤은 훗날 데카르트가 그랬듯 이른바 실체이원론(Substance Dualism)을 주장했다. 플라톤에 따르면, 영혼은 몸과 별개로 생각해야 한다. 몸은 짧은 이승의 삶에만 붙들려 있으니 말이다. 영혼은 인간의 원래 자아를 구성한다. 또 영혼은 지식을 담당하며, 인지와 그걸 해석하는 것 역시 영혼의 몫이다. 따라서 영혼은 인간의 성격 같은 것이다. 몸은 오히려 훼방꾼이어서 일종의 '영혼 감옥'이므로, 몸이 죽은 후에야 영혼은 제대로 활개를 칠 수 있다. 플라톤은 스승 소크라테스가 죽음을 두려워하지 않고 오히려 몸에서 해방되는 것으로 여겼다고 생각했다. 죽음이 훼방꾼인 신체〔소마(Soma)〕로부터 영혼〔프시케(Psyche)〕을 자유롭게 풀어준다는 것이다. 그리고 영혼은 불멸이다. 이런 주장은 지금까지도 몸과 정신의 관계를 바라보는 기독교의 교리에 큰 영향을 미치고 있다.

영혼은 인간의 본질

영혼과 육체를 바라보는 또 다른 관점은 히브리《성경》에서 만날 수 있다. 《성경》은 매우 구체적인 이미지로 그 관계를 설명한다. 신이 흙으로 인간을 빚는다. 그리고 코로 숨을 불어넣는다. 그제야 인간은 생명 있는 존재, 즉 네페시(Nefesh)가 된다. 네페시는 '영혼'으로 번역할 수 있다. 인간이 네페시를 얻은 게 아니다. 인간이 네페시가 된 것이다. 루터는 이렇게 번역했다. "그리하여 인간은 살아 있는 영혼이 되었다." 그러니까 영혼은 몸과 떨어져 있다가 언젠가 몸 안으로 들어오는 것이 아니다. 인간이 생명 있는 신체를 가지면, 그래서 신의 '숨'을 경험하면 그 인간 전체가 영혼이다.

아리스토텔레스는 스승 플라톤의 생각을 잘 알고 있었다. 하지만 스승의 영혼 개념에는 등을 돌렸고, 히브리《성경》에 더 가까운, 더욱 발전한 영혼 관념을 선보였다. 그에 따르면 신체와 영혼을 별개로 생각해서는 안 된다. 영혼은 인간의 본질이다. 신체와 영혼의 이원성은 잘못된 논리다. 영혼은 신체의 실현이다. 아니, 인간 전체의 실현이다. 이런 학설로 그는 철학의 선배 플라톤과 다투었다. 나아가 중세에는 그의 학설을 둘러싸고 치열한 논쟁이 불붙었다. 플라톤의 관념에 뿌리를 내린 기독교의 교리가 날로 세력을 키워갔기 때문이다. 그러한 다툼은 13세기에 이르러 최고조에 달했다. 교회가 파문 위협을 하면서 아리스토텔레스의 주장을 따르는 교리를 금지한 것이다. 이런 금지 문장에는 "영혼은 몸과 떨어질 수 없다" "신체 조화가 무너지면 영혼이 무너진다"도 포함되었다. 물론 수많은 금지가 그러했듯 이런 조치 역시 오래가지는 못했다. 대학이 교회를 이겼기 때문이다.

현대의 두뇌 연구와 정신

오늘날 신경학은 일반적으로 영혼이 뇌에 있다고 생각한다. 영혼이 두뇌에서 생성되거나, 그냥 두뇌와 동의어라고 말이다. 가장 유명한 현대 두뇌학자 중 한 사람인 게르하르트 로트(Gerhard Roth)는 아예 책 제목을 《두뇌는 어떻게 영혼을 만드는가(Wie das Gehirn die Seele macht)》로 지었다. 하지만 이런 주장을 비판하는 학자도 많다. 가령 두뇌학자 미하엘 마데야(Michael Madeja)는 프랑크푸르트에서 열린 한 공개 토론회에서 "영혼은 두뇌 기능으로 흡수되지 않는 바로 그것"이라고 말했다. 치열한 논쟁은 영혼 문제가 아직 해결되지 않았음을 보여주는 증거이기도 하다. 여기서 우리는 20세기가 낳은 뛰어난 정신의학자의 물질주의적 관점 하나를 더 추가하려 한다. 그의 이름은 오이겐 블로일러(Eugen Bleuler)다. 그는 취리히 대학 부르크횔츨리 정신병원(Burghölzli Psychiatric Clinic)의 병원장이었다. 그의 가장 큰 공은 아마도 다른 학자들과의 활발한 교류를 통해 지크문트 프로이트의 정신분석 이론을 최초로 '정신병자' 치료에 체계적으로 도입했다는 점일 것이다. 참고로 예전에는 정신 질환 환자를 '정신병자'라고 불렀다. 그런 그가 자신을 물질주의자라고 불렀다는 사실은 참으로 놀랍다. 블로일러는 정신과 육체가 어떤 관계인지를 잘 알았다. 《영혼의 자연사(Die Naturgeschichte der Seele)》라는 저서에서 그는 '정신은 뇌 기능이다'라는 제목 밑에 이렇게 적었다. "내가 이 문장을 맨 위에다 적을 수밖에 없다니, 참 희한하다. 지금 우리가 보기에는 너무나 당연한 말인데도, 여전히 수많은 지도자와 추종자들이 이 문장을 부인한다."

심지어 종교성에 대해서도 그는 "교리와 종교가 바깥세상의 무언가를 보태지 않고도 중추신경계의 반응 기관에서 탄생한다는 사실을 이해할 수 있다"고 적었다. 현대 두뇌 연구에서 쓰는 말대로 '정신은 두뇌의 기능'인 것이다. 그는 영혼이라는 단어를 조심스럽게 사용했다. 그래서 1921년에 나온 자신의 저서에 《영혼과 영혼 인식의 자연사(Naturgeschichte der Seele und ihres Bewusstwerdens)》라는 제목을 붙여놓고도 책 맨 첫머리에 다시 이런 말을 추가했다. "나는 연구 대상을 정신(Psyche)이라고 부른다. 다른 표현들에는 형이상학의 짐이 너무 많이 얹혀 있어 이해하는 데 방해가 되기 때문이다." 우리는 뒤에서 이런 현대 학문의 엄격한 물질주의적 시각이 환자의 경험과 행동을 설명하기에 충분한지 살펴볼 것이다. 그리고 순수 뇌 기능을 넘어서는 영혼이라는 관념이 그저 '형이상학의 짐'에 불과한지도 추적할 것이다.

그러니까 영혼은 무엇이란 말인가

이 책에서도 우리는 이런 근본적인 질문에 완벽한 설명을 할 수 없을 것이다. 그러나 영혼의 작용, 특히 영혼의 '장애'에 주목하면서 그 질문에 다가갈 것이다. 흔히 그렇듯 어떤 것의 장애를 살펴보면 그걸 이해하기가 훨씬 수월하다. 장애가 발생하고 나서야 우리의 중요한 기관이나 신체 기능을 알아차리는 일이 얼마나 허다한가? 정상일 때는 심장이나 시력의 소중함을 깨닫지 못한다. 그러다 가슴이 답답하거나 심장 박동이 심하게 빨라지면, 그제야 심장이 얼마나 중요한지 느낀다. 시력이 나빠져야 눈의 소중함을 깨닫는다. 따라서 우리의 기본적인 의문은 다음과 같다. 영혼의 기능이 균형을 잃으면 무슨 일이 일어날까? 정신 질환이 생기면 어떻게 될까? 그리고 이러한 장애는 어디에서 생길까? 그건 뇌 기능의 장애, 즉 정신 기관의 불균형일까? 그렇다면 정신의학의 대상은 무엇인가? 영혼인가, 두뇌인가? 크리스티안 샤르페터(Christian Scharfetter)는 정신병리학의 필독서로 소문난 그의 저서에서 이렇게 적었다.

정신의학의 대상은 그때그때의 그 인간 전체다. 전체성이 정신의학이 추구해야 할 이상(理想)이다. 최대한 전체적인 인간상을 확보하기 위해서는 인체생리학적, 심리학적, 사회학적 부분과 개인을 넘어서는 (초월적, 영적) 의식의 확장을 고려해야 한다. 그런 전체적인 삶의 형태를 알자면, 그 사람을 진지하게 대하고 세심하게 살펴야 한다.

사실상 그는 여기서 영혼에 대해 말하고 있는 것 아닐까?

정신의학을 유머 있게 성찰한다

다시 한번 아아!로 돌아가 보자. 아아! 시인은 이 감탄사로 할 말 없는 자신의 심정까지 표현한다. 이 책은 정신 질환, 그러니까 어떤 사람을 때로—아아!—할 말 없게 만드는 그 어떤 것에 대해 이야기하려 한다. 할 말을 잃은 답답한 상황은 유머로 극복할 수 있다. 나는 정신과 의사로 살면서 심각하고, 때로는 절망적인 순간을 많이 경험했지만, 그 못지않게 즐거운 일도 많이 겪었다. 무거운 것과 가벼운 것을 함께 말이다. 따라서 이 책은 정신 장애의 그러한 측면도 다룰 것이다. 이 책이 정신의학의 뻣뻣한 이미지를 조금이나마 개선할지 모른다는 약간의 희망을 품고서 말이다. 유머는 분위기를 부드럽게 만든다. 정신의학이라는 말이 던져주는 충격과 온갖 상상을 줄여줄 수 있다. 나는 이 책이 정신 질환의 경험 세계와 건강한 정신의 경험 세계 간 차이를 줄이고 정신의학의 무서운 이미지를 바꿀 수 있기를 바란다. 독일의 시인이자 소설가 장 파울(Jean Paul)은 유머를 "여전히 고통이며 위대함인 그 웃음"이라고 썼다. 그런 의미에서 나는 이 책을 가볍게 쓰려 노력했다. 절대로 누군가에 대한 비웃음이 아니다. 나는 이 책이 환자들의 마음을 온전히 전할 수 있기를 바란다.

정상이란 무엇인가

정신 장애를 둘러싼 사회적 논의

정신 장애의 중요성을 둘러싼 논의가 활발하다. 하루가 멀다 하고 정신 질환을 앓는 피의자나 정신 장애의 경제적 의미를 분석하는 보도가 언론을 도배한다. 우울증은 국민병으로 불린 지 오래고, 번아웃은 유행하는 진단명이 되었다. 번아웃은 경영자들만의 병이 아니다. 전문가들이 그런 사회적 견해를 어떻게 바라보는지에 대해서는 뒤에서 심도 있게 파헤칠 예정이다. 여기서는 우울증과 번아웃에 대한 몇 가지 사실만 짚고 넘어가기로 한다. 최신 연구 결과에 따르면, 독일 국민의 43퍼센트가 평생 한번은 치료가 필요할 정도의 정신 질환을 경험한다고 한다. 그 대부분이 우울증이다. 세계보건기구(WHO)는 몇 년 후면 우울 장애가 심혈관 질환을 앞질러 가장 흔한 병이 될 것이라고 예상한다. 이 수치만 보아도 과연 국민병이라는 이름이 무색하지 않다.

하지만 번아웃의 경우에는 사정이 좀 다르다. 질병 분류 진단 시스템은 번아웃을 독자적인 질병으로 취급하지 않는다. 그런데도 요즘 사람들은 과부하 상황이 되면 너도나도 번아웃을 들먹이고, 이 장애의 특정한 진행을 질병으로 받아들인다. 심지어 번아웃을 세련된 삶의 증거로 들이밀기도 한다. 지금까지 한 번도 번아웃을 앓지 않았다면, 곧 열심히 살지 않았다는 증거라는 식으로 말이다. 이런 생각은 우리 사회에서 질병 개념이 이미 허용 수준 너머까지 확장되었다는 사실을 말해준다.

우울증과 번아웃. 이 두 가지 사례의 공통점은 문제와 질병을 구분하기 힘들다는 것이다. 질병은 어디서 시작될까? 한 번쯤 슬픈 마음이 드는 것은 정상이 아닐까? 한 번쯤 일이 버겁다고 느끼는 것은 정상이 아닐까? 그 정도로 당장 우울증이나 번아웃을 입에 올릴 수 있을까? 쪼르르 정신과로 달려갈 게 아니라, 젖 먹던 힘까지 짜내거나 휴가를 떠나는 게 옳지 않을까? 문제에서 질병으로 넘어가는 경계는 어디일까? 정신 장애의 경우 아프다는 말은 대체 무엇을 의미할까?

문제인가, 질병인가

"질병인지, 그냥 몸이 좀 안 좋은 건지는 의사가 판단하는 것 아닌가요?" 당연히 당신은 이렇게 물을 것이다. 하지만 당신이 의사라는 이유로 나를 무조건 믿는다면, 나는 그러지 말라고 조언할 것이다. 이것 역시 생각보다 그렇게 간단하지 않기 때문이다. 무엇을 보고 질병을 진단할까? 의사 입장에서 쉽게 떠오르는 대답은 이러할 것이다. "의사는 각 질병의 진단 기준을 제시한 매뉴얼을 보고 판단한다. 그러나 그 매뉴얼을 신체 질병에 적용한다는 사실은 그냥 살짝만 언급하고 지나간다." 세계보건기구가 발행하는 ICD, 즉 《국제 질병 분류(International Classification of Diseases)》는 가능한 한 모든 의학 분과의 질병을 구분한다. 현재 11차 개정판이 나와 있는데, 여기에는 질병으로 인정받는 거의 모든 것이 담겨 있다. 이런 책이 필요한 이유는 이 기준이 인정한 진단의 존재 여부에 따라 예를 들어, 건강 보험 혜택이나 유급 휴가 권리 같은 것이 달라지기 때문이다.

그렇다고는 해도 그게 충분한 대답이 될 수는 없다. 지금 누군가가 겪는 상태를 단순한 불편감으로 볼지, 아니면 질병으로 볼지는 근본적으로 해당 환자 자신의 판단 및 경험과도 관련이 있다. 우울증을 예로 들어보자. 우울증의 가장 중요한 판단 기준인 우울한 기분과 관련해서는 '정상' 상태부터 '중중' 상태까지 여러 단계가 있다. 우리는 모두 가끔 슬퍼했고, 지금도 그러하다. 슬픈 일이 일어나서 슬프면 당연히 그건 질병도, 문제도 아니다. 건강한 삶에서 겪는 경험의 일부일 뿐이다. 거꾸로 끔찍한 일을 당하고도 슬픔을 제대로 느끼지 못한다면? 아마도 그게 더 병적일 것이다. 하지만 이유도 없이 슬프다면 어떨까? 대부분의 사람이 그런 경험을 할 때가 있다. 비가 내려 우수에 젖을 수도 있고, 해가 짧아지는 겨울에 잠시 계절성 우울증에 빠질 수도 있다. 그냥 문득 슬픈 감정이 터져나와 우리 마음을 덮치기도 한다. 그래도 대부분은 이를 아픈 거라고 여기지 않는다. 하지만 이유 없는 슬픔이 너무 오래가거나 너무 심하면 어떻게 될까? 언젠가는 '병적인 상태'라고 말하게 될 거라는 내 의견에 아마 당신도 고개를 끄덕이며 동의할 것이다.

그렇다면 과연 그 경계는 어디일까? 어디서부터 병이라고 말할 수 있으며, 그 경계는 누가 정할까? 너무너무 심한 중중 상태라면 경계를 넘었다고 인지하는 게 어렵지 않을 것이다. 몇 달씩 계속되는 심한 우울증이나 이상한 망상을 목격한다면, 그 상태가 질병이라는 데 동의하기가 어렵지 않을 것이다. 그러나 어떤 상태가 경계와 가까울 때는 진단을 내리기 힘들다. 사실 경계 자체도 명확하지 않다. 타고나기를 우울한 기질이라면, 워낙 자주 울적하므로 좀 오래 우울감을 느낀다고 해서 좀처럼 질병이라고 생각하지는 않을 것이다. 하지만 명랑한 성격인 사람은 그 문턱이 낮다. 그래서 슬픔이 조금만 오래간다 싶으면 이내 그게 질병은 아닐까 걱정할 것이다. 따라서 경계 근처에서는 보통 당사자가 결정을 내린다. 자신의 증상에 대해 병원 치료를 받아야 할지 여부를 환자 자신이 판단하는 것이다. 그러면 의사는 그 사람의 증상이 학계에서 인정하는 진단 기준에 부합하는지만 검토한다.

그 사람은 장애야!

지금까지 내내 질병 이야기, 아픈 사람들 이야기만 했다. 정신의학 분야에서는 몇 년 전부터 이상한 논의가 이어져왔다. '질병'이라는 말이 지나치게 단정적이고 모멸에 가깝게 들리며, 그 사람의 결함을 강조한다는 주장이 나온 것이다. 특히 건강과 질병의 경계를 긋는 게 쉽지 않은 정신의학에서 더욱 그렇다고 한다. 한마디로 '질병'이라는 표현이 사람에게 낙인을 찍는다는 것이다. 그러자 정신의학계에서는 그런 부작용을 피하기 위해 '질병'을 대체할 개념을 찾기 시작했고, 그렇게 해서 발굴한 개념이 바로 '장애'다. 물론 새 이름은 분명히 선의의 결과물이다. 장애가 훨씬 듣기 좋고, 여러 진단의 차원적 특성(요컨대 위에서 설명한 경계 문제)을 더 잘 반영하며, 사람은 누구나 장애를 겪는다는 사실을 더 잘 표현하는 것 같기는 하다. 어떤 증상이 반드시 질병은 아니라는 얘기다.

그러나 말을 바꿀 때면 늘 그렇듯 새 단어가 모두에게 똑같이 들리지는 않는다는 게 문제다. 어떤 단어를 사용할 때는 항상 그 단어에 의미를 부여하는 무언가가 같이 소리를 내기 마련이다. 가령 나의 학창 시절에는 친구한테 붙일 수 있는 최악의 별명이 하나 있었다. 그건 바보도 멍청이도 아니었다. 운동장에서 친구에게 던질 수 있는 최악의 말은 바로 '병신'이었다. 그 앞에 '상'을 붙이면 최악 중 최악이었다. 그래서 내 귀에는 '장애'라는 말이 여전히 곱게 들리지 않고, 그런 까닭에 '질병'이라는 단어를 그대로 사용한다. 더구나 나는 의학에서 일반적으로 쓰는 것과 다른 별도의 단어를 정신의학에만 도입하는 것은 바람직하지 않다고 생각한다. 어쨌거나 당신이 정신의학에서 '장애'라는 말을 만난다면 그건 질병이라는 뜻이다.

정상인가, 비정상인가

정상이나 **비정상**이라는 말을 쓸 때는 한층 더 복잡해진다. "뭐가 정상이야?" 우리는 이따금 가볍게 묻는다. 하지만 그럴 때도 우리 생각에는 남들이나 우리 자신에게서 무엇이 정상인지를 판단하는 아주 명확한 기준이 있다. 정상(Normal)이라는 말 자체에서도 알 수 있듯 이는 규범(Norm)에서 출발한다. 대략적으로 말해 규범이란 방향 지시등으로 삼을 수 있으며, 타인과 자신의 경험 및 행동을 판단하도록 도와주는 원칙 또는 지침을 뜻한다. 그리고 우리는 하나의 규범 안 또는 그 바깥에서 움직인다.

하지만 일상생활에서 사람은 여러 가지 규범을 활용한다. 그리고 대체로 해당 문화권 안의 통계적 규범을 출발점으로 삼는다. 그 얘기는 가장 자주 나타나는 것을 정상으로 느끼고, 보기 드문 것은 비정상으로 느낀다는 뜻과 다르지 않다. 이런 의미에서 비정상적인 것이 반드시 나쁘다고는 볼 수 없다. 농구 선수라면 비정상적인 키가 절대 단점이 아니고, 평균 이상으로 뛰어난 지능이 사는 데 지장을 주지도 않는다. 이 경우 정상이 아니라는 말은 단순히 평범이라는 표준에서 벗어났다는 뜻일 뿐이다.

통계적 규범 말고도 우리에게는 두 번째 중요한 원칙이 있다. 흔히 말하는 개인적 규범 혹은 내준적 규범(Ipsative Norm: 타인과 비교하지 않고, 자기 자신의 변화나 발전 정도를 평가하는 기준—옮긴이)이 그것이다. 여기서는 무엇을 원칙으로 삼을까? 해당 문화권이 아니라, 한 개인에게서 가장 흔한 성향을 원칙으로 삼는다. 당신이 보통은 집중을 잘하는데, 3주 전부터 집중력이 떨어졌다고 치자. 그러면 당신은 그 상태를 정상이 아니라고 판단할 테고, 당신이 달라졌다고 말할 것이다.

이 두 가지 규범은 충돌을 일으킬 수 있다. 가령 내게 치료를 받으러 왔던 체스 선수를 예로 들어보자. 그는 집중력 장애를 호소했다. 왜 그런 생각이 드느냐고 물었더니, 요즘은 한 사람하고밖에 체스를 둘 수 없다고 대답했다. 내가 보기엔 지극히 정상이었지만, 예전엔 눈을 감고 10명과 동시에 체스를 둘 수 있었다는 얘길 듣고 나니 그의 하소연이 이해되었다. 여기서 눈을 감고 동시에 체스를 둔다는 것은 체스판을 보지 않고 한 번에 여러 명을 상대한다는 뜻이다. 당연히 성적은 상대방의 실력에 달려 있다. 따라서 여느 시합하고는 비교하기가 쉽지 않아서 세계 기록 같은 것에도 조건이 따라붙는다. 위키피디아에 따르면, 2011년 상대의 체스판과 말을 보지 않고 46명과 동시에 경기를 펼친 독일 선수 마르크 랑(Marc Lang)이 세계 기록 보유자다. 당신은 그런 사람을 정상이라고 생각하는가? 물론 아무리 마르크랑이라고 해도 46명을 상대하는 시합은 흔치 않다. 하지만 그는 동시에 몇 사람을 상대하는 것쯤은 완전히 정상이라고 생각한다. 통계적 규범을 원칙으로 삼을 경우, 그의 능력은 완전히 비정상이다. 물론 개인적 규범을 적용하면 그에게는 매우 정상적인 일이다. 여러 명과 동시에 시합할 수 없는 게 우리로서는 지극히 정상이지만, 그에게는 그렇지 않다. 참고로 앞서 언급한 마르크 랑의 시합 결과는 25승 19무 2패였다.

이런 사례를 보면, **정상**과 **비정상**이라는 단어의 올바른 사용은 우리 뇌리에 담긴 규범에 따라 달라진다는 것을 알 수 있다. 모든 질병에서도 그런 규범이 큰 역할을 한다. 당신의 체온이 37도라면 정상이다. 대부분의 사람이 그렇기 때문이다. 체온이 39도로 오르면 더는 정상이 아니다. 열이 있는 것이다. 거기까지는 쉽다. 하지만 이럴 때도 경계에 가까운 부정확성의 문제가 발생한다. 체온을 쟀더니 37.6도라면 어떻게 될까? 열이 나는 것인가, 아닌가? 그럴 때 의사는 보통 체온이 좀 오르긴 했어도 아직 열이 나는 것은 아니라고 말한다. 의사도 정확히 알 수 없으므로 확진을 내리기 전에 잠시 두고 보는 것이 현명하기 때문이다. 정신 질환의 경우는 문제가 조금 더 복잡하다. 인간의 경험과 행동은 체온보다 더 측정 및 판단하기가 힘들다. 가령 어떤 사람이 이따금 주체할 수 없이 화를 낸다면 어떨까? 그 정도는 아직 정상일까? 강도와 빈도에 따라 다를 거라고 당신은 말할 것이다. 하지만 어느 정도부터가 비정상일까? 정상이라고 말할 수 있는 횟수는 어디까지일까? 여기서도 다시금 경계에 가까운 부정확성이 문제가 된다. 어떤 남자가 주기적으로 아내와 아이들을 때린다면, 우리는 절대 정상적인 행위라고 말하지 않을 것이다. 그러나 그 정도로 심각한 행동이 아닐 때는 판단하기가 훨씬 힘들다.

감정도 이와 매우 비슷하다. 게다가 감정은 (정상의) 범위가 매우 넓다. 삶을 편하게 사는 사람이 있다. 입가에는 늘 미소가 맴돌고 혹독한 시련이 닥쳐도 잘 헤쳐나간다. 늘 기분이 좋다. 보통 우리는 그걸 정상이라 생각하고, 심지어 그런 성격에 약간의 질투심도 느낀다. 스펙트럼 반대편에는 불평꾼이 있다. 세상만사가 마음에 안 들고 미래는 늘 암울하며, 물잔에는 물이 반밖에 안 남았다고 생각한다. 그러나 우리는 경험의 범위가 넓다는 사실을 잘 알기에 이런 사람을 비정상이라고 부르지 않는다.

그런 경우에는 정신의학적 진단을 내릴 때 개인의 규범을 적용하는 것이 유익할 때가 많다. 어떤 환자가 자신은 원래 명랑한 사람인데 2주 전부터 공허감이 밀려오고 감정을 제대로 못 느끼며 기력이 눈에 띄게 떨어졌다고 토로한다면, 환자 자신이 이미 그 상태를 비정상적이라고 판단하는 것이다. 정신과 의사 역시 해당 환자가 근본적으로 우울한 사람이라고는 추정하지 않는다. 아마도 의사의 머릿속에서는 우울증과 관련해 경종이 울리기 시작할 것이다. 따라서 의사가 진단을 내릴 때도 자신이 달라졌다는 환자의 설명, 다시 말해 개인적 규범을 적용하는 것이 유익할 때가 많다. 물론 개인적 규범이 언제 어디서나 유익한 것은 아니다. 어떤 남자가 자기 가족을 때리는 건 나쁜 짓이 아니고 그냥 술을 먹고서 그랬다고 말한다면, 이때는 개인적 규범이 아니라 통계적 규범으로 접근하는 것이 옳다. 따라서 그런 행동은 환자가 정상이라고 주장하더라도 비정상이다.

규범병 환자와 다른 불쌍한 사람들에 대하여

하지만 비정상적인 행동이 다 질병일까? 앞에서 소개한 체스 선수처럼 모두가 그런 것은 아니다. 평균 이상으로 지능이 높은 사람도 자신을 환자라고 느끼지 않을 것이다. 범죄자의 경우 이 질문은 대답하기가 더 곤란하다. 인간을 죽이는 것은 분명 정상이 아니지만, 그렇다고 해서 살인이 당연히 질병인 것일까? 그렇게 생각하는 사람이 더러 있다. 그들은 계획적으로 인간을 살해하는 사람은 정신이 병든 게 분명하다고 주장한다. 학계에서는 이와 관련해 **감정 없는 사이코패스**라는 표현도 사용한다. 물론 정신 질환 때문에 범행을 저지르는 사람도 있다. 망상에 사로잡힌 조현병 환자가 자신을 괴롭힌다는 생각 때문에 누군가를 죽인다면, 이는 질병으로 인한 행동이다. 하지만 타인의 몸은 물론 생명조차 별로 중요하지 않다고 생각하며, 타인의 고통에 공감할 수 없어 그들을 괴롭히고 심지어 죽이기까지 하는 인간은 어떨까? 비정상이라면 당연히 질병인 걸까? 아동 성추행범이 붙잡히거나 미성년자가 친구를 죽이는 사건이 발생할 때마다 정신과 의사들은 이런 문제에 대해 어떻게 생각하는지 자주 질문을 받는다. 그럴 때면 나는 항상 실제로 정신병이 원인이기도 하지만, 이 세상에는 그냥 나쁜 인간도 존재한다고 대답한다. 앞의 사례처럼 그 정도로 나쁜 인간은 분명 비정상이지만, 그렇다고 당연히 아픈 것은 아니기 때문이다.

혹시라도 방금 내가 한 말을 원만하고 순응적이며 정상적인 경험과 행동을 변호하는 것이라고 오해할지 몰라서, 마지막으로 한마디 덧붙이고자 한다. 우리의 삶이 보통 스펙트럼의 중간에서, 즉 정상 범위 안에서 움직인다면 아무 문제가 없을 것이다. 하지만 가끔 경계를 건드리고 심지어 경계를 넘기도 하는 등 여러 면에서 정상이 아니더라도 너무 걱정할 필요는 없다. 그것 역시 건강하고 성숙한 인성의 일부니까 말이다. 항상 순응적이고 정상적으로 행동하려는 사람들을 위해 정신의학자 로버

트 머튼(Robert K. Merton)과 에리히 불프(Erich Wulff)는 **과잉 순응**(Overconformity)과 **규범병**(Normopathy)이라는 용어를 사용했다. 요즘은 노르말로(Normalo: '평범한 사람' 또는 '특별할 것 없는 일반인'—옮긴이)라는 표현을 많이 쓴다. 어쨌거나 노르말로든 규범병 환자든 그렇게 되고 싶은 사람이 어디 있겠는가?

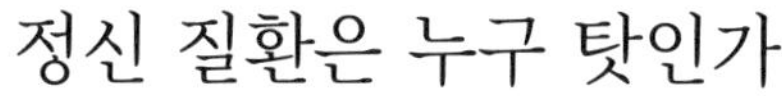

정신 질환은 누구 탓인가

내가 뭘 잘못했을까

환자나 그 가족이 가장 많이 던지는 질문 중 하나다. 내가 뭘 잘 못했을까? 내가 병의 원인일까? 나를 나무라야 하나? 내 인생을 바꾸어야 하나? 이런 질문은 정말로 대답하기가 쉽지 않다. 아니, 더 정확하게 말하면 여러 가지 대답이 가능하다.

의학에서 병의 동인을 찾을 때, 많은 사람이 단 한 가지 원인을 떠올린다. 질병을 일으키고 증상을 불러오는 어떤 것이 있다고 여긴다. 이런 생각은 정말로 매력적이다. 한 가지 원인밖에 없고 그것을 안다면, 당연히 훨씬 더 간단하게 치료법을 개발할 수 있을 테니 말이다. 홍역은 홍역 바이러스가 일으킨다. 예방 접종이 도움을 주며, 접종만 하면 다 괜찮다. 물론 예외는 있다. 효과 없는 예방 접종, 그리고 접종의 부작용도 있다. 하지만 여기서 내가 이야기하고 싶은 것은 있을 수 있는 온갖 사례와 드문 예외가 아니라 일반적인 경우다. 더구나 여기서 내가 한 가지 원인이라고 말하는 것은 제일 앞자리를 차지하는 하나의 작용 요인을 뜻한다. 홍역도 한 가지 바이러스가 일으키는 병이 아니라, 바이러스와 면역계의 상호 작용이 원인이다. 하지만 처음부터 너무 복잡하게 시작하지는 말자.

요컨대 여러 가지 원인이 있는 것보다는 딱 한 가지인 편이 낫다. 원인이 여러 가지 있으면 복잡한 방식으로 상호 협력하고 작용하며 서로를 억제하거나 증식시킬 수 있다. 따라서 어떤 요인도 제일 앞자리로 튀어나와 다른 모든 요인을 부차적으로 만들어버리지 못한다. 그러나 오늘날에는 모든 정신 질환에서 그런 복잡한 상호 관계가 존재한다고 가정한다. 다시 말해, 모든 정신 질환에는 정체를 확인할 수 있는 한 가지 원인만 있는 게 아니라는 것이다.

그러나 이런 말은 조심해서 사용해야 한다. 내가 의대생이던 시절에는 위궤양이 전형적인 심신성(心身性) 질환이었다. 체질(가령 위점막의 생물학적 성질), 스트레스, 잘못된 스트레스 관리법, 나

뻔 식습관, 약의 부작용 등 복잡한 상호 작용 탓이라고 생각했다. 그러다가 1982년 **헬레코박터균**(Helicobacter Pylori)이 위궤양의 주원인으로 밝혀지면서 표적 항생제 치료가 도입되자 순식간에 환자의 약 80퍼센트가 회복할 수 있었다. 그리고 헬리코박터균을 발견한 오스트레일리아의 두 학자 배리 마셜(Barry Marshall)과 로빈 워런(Robin Warren)은 그 공을 인정받아 2005년 노벨의학상을 수상했다. 80퍼센트는 100퍼센트가 아니다. 지금도 스트레스는 당연히 발병 기전에서 큰 역할을 한다. 하지만 병원균과 비교할 때 순식간에 상당히 부차적인 역할로 밀려나고 말았다.

조현병은 존재할까

정신 질환 분야에서도 다들 그런 단순하거나 제일 앞자리를 차지하는 원인을 찾고 있다. 그래서 가령 조현병을 일으키는 병원균을 찾았다는 소식이 끊이지 않고 들려온다. 그 소식이 진짜여서 이 고약한 질병을 고칠 수 있는 간단하고도 인과적인 치료법이 어느 날 문득 우리 손에 들어온다면 얼마나 좋겠는가? 그러나 억지로 끼워 맞춘 증거를 들이밀며 자신이 옳다고 우기는 가설이 적지 않다. 예컨대 여름에 태어난 사람은 조현병에 더 많이 걸린다는 주장이 있다. 엄마가 가을에 감기 바이러스에 감염되는 바람에—실제로 감기는 가을에 더 많이 걸린다—아홉 달 후 태어나는 아기가 엄마 배 속에 있을 때 엄마의 감염으로 인해 조현병에 더 취약해질 수 있다는 것이다. 가능한 주장일까? 그렇지 않다. 말도 안 되는 억지다. 요즘 같은 시대에 그런 연관성을 믿을 사람은 거의 없다. 앞에서도 언급했듯 그런 주장을 할 때는 조심해야 한다. 때로는 놀라운 연구 결과가 나오기도 한다. 조현병과 관련해 가장 그럴듯한 단일 원인 가설은 유전적 요인이나 면역 장애로 발병을 설명한다. 그러나 당분간은, 즉 그런 주요 원인을 입증하기 전까지는 근본적으로 모든 정신 질환은 다양한 요인의 상호 작용으로 인해 발병한다고 가정해야 한다. 그럴 때 정신의학자에게는 설명 모델로 매우 적합하며 질병과 관련해 환자에게 조언할 때도 자주 사용하는 한 가지 개념이 있다. 이 모델은 원래 조현병의 원인을 설명하기 위해 개발되었으나 우울증, 양극성 장애 등 많은 정신 질환을 설명하는 데도 매우 적합하다. 그것은 바로 **취약성 스트레스 대처 모델**(Vulnerability-Stress Coping Model)이다.

취약성 스트레스 대처 모델

이게 무슨 말이야? 무슨 이런 용어가 다 있어! 이러니 의사 말을 못 알아듣는 게 당연하지. 당신은 지금 이렇게 생각할지도 모르겠다. 하지만 취약성 스트레스 대처 모델은 환자에게 정신 질환의 발병을 매우 명확하게 설명할 수 있는 아주 간단한 용어다. 이름은 복잡해도 그 이면에는 수많은 연구 결과를 통해 입증된 단순한 아이디어가 숨어 있다. 따라서 이 모델은 정신 질환의 발병에서 큰 역할을 하는 복잡한 메커니즘과 수많은 요인을 이해하는 데 도움을 준다.

이 모델은 사람마다 특정 정신 질환의 취약성이 다르다는 생각에서 출발한다. 그러니까 우리는 모두 각기 다르다는 것이다. 어떤 사람은 병에 걸리고, 어떤 사람은 걸리지 않는다. 일단 원인은 그 병을 일으키는 생물학적 기본 장비다. 그리고 이 기본 장비와 병에 걸릴 위험성은 유전자가 정한다. 유전자라는 말을 듣자마자 생물 수업 시간에 배운 그레고어 멘델(Gregor Mendel)의 콩을 떠올리지는 말자. (기억나는가? 우성이 어떻고 열성이 어떻고 등등?) 정신 질환은 발병 확률을 콩처럼 계산할 수 있는 유전병이 아니다. 물론 신경과와 정신의학과에서도 그런 유전병이 있긴 하다. 대표적인 것이 헌팅턴병이다. 이 병은 부모의 유전자 구성을 알면 유전 양식을 정확히 설명할 수 있고, 후세대가 병에 걸릴 위험도 정확히 계산할 수 있다. 하지만 이 질병은 예외다. 그 밖의 정신 질환에서 유전적 요인을 이야기할 때는 개별 유전자가 아니라, 매우 다양한 유전자의 복잡한 협력과 그 결과물을 뜻한다. 아직 세세한 부분까지 모조리 다 밝혀진 것은 아니지만, 결국에는 이런 복잡한 유전자의 상호 작용이 특정 정신 장애의 발병 위험을 결정한다.

유전적 소인

정말로 그렇다는 과학적 증거는 충분하다. 여기서 다시 한번 조현병을 예로 들 테지만, 그 내용은 다른 수많은 정신 질환에도 해당한다. 보통 사람들이 언젠가 조현병에 걸릴 위험은 통계적으로 볼 때 1퍼센트 미만이다. 그러나 가족 중 조현병 환자가 있다면 발병 위험 확률은 달라진다. 이를 일치율(Concordance Rate)이라고 하는데, 특정 가족 구성원이 어떤 질병을 앓고 있는 경우 나머지 가족이 그 병에 걸릴 가능성을 말한다. 그러니까 문제는 가령 당신의 남자 형제가 조현병이라면 당신이 그 병에 걸릴 위험은 얼마나 큰가 하는 것이다. 이 경우 **일치율**은 얼마나 높을까? 조현병의 일치율을 살펴보면 놀라운 결과를 알 수 있다. 당신의 아내가 조현병이면 당신의 일치율은 약 1퍼센트다. 아내는 당신과 혈연이 아니니, 그리 놀라운 사실은 아니다. 함께 산다고 해서 같은 질병에 걸릴 유전적 위험이 올라가지는 않는다. 할아버지나 할머니가 조현병일 경우 당신의 위험은 약 3퍼센트로 높아진다. 그러니까 아내보다 3배 더 높다. 물론 수치는 연구 결과마다 차이가 있고, 나는 가장 자주 언급되는 수치의 중간값을 예로 들겠다. 내가 하고 싶은 말이 정확한 수치에 따라 크게 달라지지는 않을 테니 말이다.

자, 계속해보자. 이부형제나 이복형제(유전적으로 조부모와 거의 같은 촌수다)가 환자인 경우의 발병 위험 역시 3퍼센트다. 형제가 조현병이면 당신의 위험은 7퍼센트로 올라간다. 거기에 부모 한쪽이 조현병이면 9퍼센트로 오르고, 양쪽 부모 모두 조현병이면 위험은 껑충 뛰어 약 35퍼센트에 이른다. 일란성 쌍둥이의 경우는 더 높아서 약 45퍼센트다. 이러한 수치는 정확도와 상관없이 두 가지 사실을 확실히 말해준다. 첫째, 일치율은 병에 걸린 혈연과의 촌수에 비례해 높아진다. 둘째, 일란성 쌍둥이, 그러니까 유전자가 같은 사람도 일치율이 100퍼센트는 아니다.

저울에 오른 좋은 것과 나쁜 것

우리가 하는 이야기는 소인, 기본 장비, 기본 위험에 관한 내용일 뿐이다. 그레고어 멘델이 콩을 연구하면서 그랬듯 한 가지 요인의 단순한 계산 가능성을 이야기하자는 것이 아니다. 누가 뭐라고 하든 중요한 유전적 부담 말고도, 내가 병에 걸리느냐 아니나에 영향을 미치는 다른 본질적인 요인이 분명히 존재할 테니 말이다. 우리가 사용할 비유는 양팔 저울이다.

저울 양팔에는 접시가 놓여 있다. 유전적 소인은 저울이 얼마나 빨리 이쪽이나 저쪽으로 기울어질지를 결정하는 저울의 민감도 같은 것이다. 저울이 기울어지려면 (즉, 내가 병에 걸리려면) 많은 일이 생겨야 하는가? 아니면 별일이 아니어도 금방 기울어지는가? 요컨대 저울이 민감한가, 아니면 둔감한가? 나아가 양쪽 접시에 무엇이 놓이는지도 중요하다. 질병과 관련해 부담을 주는 요인이 한쪽이라면, 다른 쪽에는 보호하는 요인이 있다. 이 모델에서는 부담을 주는 모든 걸 **스트레스**라는 말로 요약하고, 보호하는 모든 걸 **대처**(Coping)라고 부른다. 스트레스와 대처의 무게가 똑같으면, 저울은 평형 상태를 유지하고 그 사람은 건강하다. 대처 쪽으로 무게가 쏠리면, 스트레스가 밀려와도 조금 여유가 있다. 하지만 스트레스가 커져서 장기간 대처 능력을 앞

지르면 병이 생긴다. 그런데 여기서 저울의 행동은 민감도, 다시
말해 유전적으로 정해진 기본 소인에 좌우된다는 사실을 잊지
말아야 한다. 취약성이 매우 낮은 (그러니까 저울이 아주 느리게 반응
하는) 사람은 웬만큼 일이 벌어져도 저울이 기울지 않는다. 다시
말해, 쉽게 균형을 잃지 않는다. 하지만 취약성이 높은 사람, 가
령 앞서 살펴본 일란성 쌍둥이 같은 경우에는 사소한 일에도 지
금껏 건강하던 형제마저 병에 걸리고 만다. 물론 설령 그렇다 해
도 대처가 꾸준히 스트레스를 압도한다면 아무 일도 일어나지
않을 것이다.

이 모델에는 설득력이 뛰어난 것 외에도 두 가지 장점이 더
있다. 이 모델이 옳다면 나의 기본적인 위험은 정해져 있다는 얘
기가 된다. 나는 아무 잘못도 하지 않았고 그냥 운명일 뿐이다.
그렇다고는 해도 일어난 사건에 속수무책인 것은 아니다. 저울
의 민감도를 조정할 수는 없어도 스트레스가 담긴 접시는 최대
한 가볍게, 대처가 담긴 접시는 최대한 무겁게 만들려고 노력할
수는 있다. 그러기 위해서는 스트레스 요인과 대처 요인이 무엇
인지를 알아야 한다. 이 역시 치료의 본질적 부분이어서 환자는
자신의 스트레스 요인과 대처 요인을 잘 파악해 스트레스는 최
대한 줄이고 보호 요인은 체계적으로 키워나가야 한다.

문이 쾅 닫히고 접시가 날아다니면

내 말을 듣고 호기심이 생겼다면, 이제 당신은 어떤 것이 자신의 스트레스 요인이고 보호 요인인지 알고 싶을 것이다. 사실 자신의 생물학적 위험은 알아내기 어려우므로, 스트레스를 줄이고 대처를 강화하자는 생각이 적어도 해롭지는 않을 것이다. 물론 여기서 말하는 것이 일반적인 생활 방식이 아니라 질병과 관련된 스트레스 요인과 대처 요인이기는 해도 틀린 생각은 아니다. 이미 병을 앓고 있는 사람, 가령 중증 우울증 에피소드나 조현병 에피소드를 경험한 사람에게는 약이 중요한 보호 요인이다. 따라서 이런 질환 대부분은 원래의 병증이 사라졌어도 장기간 약물 복용을 권유한다. 약물을 복용할 때는 항상 부작용을 염두에 두어야 하지만, 어느 정도 효과가 있을 경우에는 약물이 대처 쪽 접시를 훨씬 무겁게 만들어줄 수 있다. 이처럼 약물 같은 생물학적 조처로 저울에 영향을 줄 수도 있고, 심리적 요인을 통해서도 저울의 균형을 조절할 수 있다. 스트레스 해소 훈련이 대표적이다. 가령 거절을 잘 못 하는 사람은 심리 치료를 통해 거절 방법을 배울 수 있다. 긴장 완화법을 배워 (매일) 실천하는 것도 매우 유익하다. 최대한 스트레스가 적은 일상을 영위하는 것이 늘 쉽지는 않다. 그러나 위험이 큰 사람들에게는 아주 중요한 일이다.

　마지막으로, 몇십 년 전에 발견된 흥미로운 사실이 하나 있다. 집안 분위기, 즉 가족이 서로를 대하는 방식이 스트레스에 얼마나 영향을 주는지 연구한 결과다. 연구는 크게 두 가지 분위기를 확인했는데, 아마 당신이나 친구의 가족도 그럴 것이다. 첫 번째는 격한 감정이 오가며 갈등을 솔직하게, 곧바로 표출하는 분위기다. 화가 나면 문을 쾅 닫고, 사랑은 격렬하게 표현한다. 모든 것을 몸으로 표현하므로 요란스럽다. 접시가 날아다니다가도 언제 그랬냐는 듯 평온하다. 두 번째는 조용해도 너무 조용한 분위기다. 절대로 감정을 곧바로 표출하지 않으며 매우 절제된 표현을 쓴다. 차갑기는 해도 조용하고 화목하다. 감정을 몸으로 표현하는 일이 없고 갈등이 생겨도 곧바로 해결하기보다 시간을 두고 생각한다. 첫 번째 스타일을 **고표현 정서**(High Expressede Motion), 두 번째 스타일을 **저표현 정서**(Low Expressede Motion)라고 부른다. 당신의 가족 분위기가 둘 중 어느 한쪽이어서 과연 나쁜 건지 좋은 건지 걱정된다면 마음 푹 놓아도 좋다. 둘 다 장단점이 있으니 말이다. 좋은 분위기나 나쁜 분위기란 없다. 대부분의 극단이 그러하듯 양쪽 모두 최선은 아니다. 또 사실상 대부분의 사람은 어떤 분위기의 가정에서 자랐는지가 그리 중요하지 않다.

　하지만 조현병 환자나 그 병에 대한 취약성이 높은 사람은 그렇지 않다. 이런 사람에게는 확실히 **저표현 정서**가 더 낫다. 서로를 차분하게 대하고 기존 갈등을 해소하는 행위는 대처 요인이다. 반면, 접시가 날아다니는 상황은 스트레스 요인이다. 갈등이 해소되지 않은 채로 잠복해 그대로 남아 있는 것도 스트레스일 수 있다고 반박할지 모르겠다. 옳은 말이다. 특히 건강한 사람에게는 그렇다. 그러나 이와 관련한 모든 연구 결과가 입증하듯 조현병 취약성이 높은 사람에게는 갈등을 드러내지 않는 방식이 더 득이 된다. 심리 치료에는 가능한 한 가족도 함께 참여하는 것이 좋다. 그러면 서로를 대하는 방식이 주기적으로 대화 주제에 오를 것이다. 그리고 온 가족이 힘을 모아 집안 분위기를 **저표현 정서** 방향으로 바꾸려 노력할 수 있을 것이다. 취약성 스트레스 대처 모델에서 저울의 양쪽 접시에 올릴 수 있는 무게추의 사례는 이것으로 충분하지 않을까 싶다.

지금까지 우리는 정신 질환의 원인에 대해 알아보았고, 아무에게도 책임이 없다는 말에 약간 마음을 놓을 수 있었다. 결국, 중요한 것은 균형을 유지하는 일이다. 그것 역시 어느 정도는 나 자신에게 달렸다. 나의 균형을 위해, 또 외부 영향으로 인한 작동을 가라앉히기 위해 나는 무언가를 할 수 있다. 하지만 이런 온갖 조처에도 정신 상태가 지속해서 균형을 잃고 결국 병이 생긴다면 어떻게 할 것인가? 정신 질환에는 어떤 병이 있으며 어떻게 진단할까? 정신의학과의 진단이란 대체 무엇일까?

고통이 이름을 얻으면

정신의학과의 진단

환자의 고통에 이름이 붙으면 어떤 일이 벌어질까? 진단이란 무슨 의미일까? 그리고 대체 진단이란 무엇일까? 정신 질환의 정확한 진단을 내릴 수 있기나 한 걸까?

정신 질환을 앓는 사람은 정신과를 바라보는 이런 사회적 편견에 대처하기가 쉽지 않다. 정신과 의사인 나도 마찬가지다. 오히려 의사에게는 동료들, 다시 말해 다른 분과 의사들의 편견이 더 보태진다. 흔히 '정확한' 분과라 부르는 다른 분과의 의사들은 정신의학과가 부정확한 분야라는 이미지를 갖고 있다. 정신의학과는 모두 복잡하고 모호하다고 생각한다. 당연히 확실한 진단을 내릴 수 없고, 목표 지향적인 치료 계획도 불가능하며, 사실상 무슨 일이 벌어지고 있는지 측정할 수조차 없다고 말이다. 그러나 편견에 대해서는 여기까지만 얘기하자. 대부분의 오해가 그렇듯 이런 그릇된 이미지 역시 정신의학과에 대한 지식이 부족해서 생긴 것이니 말이다.

부정확한 의학

우선 많이들 언급하는 신체의학 분과의 '정확성'에 대해 짚고 넘어가 보기로 하자. 혈압 같은 것을 확실히 측정해서 정상인지, 치료가 필요한 고혈압인지를 정확히 판단할 수 있다면 정말 멋지지 않을까? 실제로 그렇다면 정말 좋을 것이다. 하지만 안타깝게도 그 모든 것은 겉보기와 달리 그렇게 정확하지 않다. 우선 측정부터 살펴보자. 아마 당신도 가끔 혈압을 잴 것이다. 어디를 재는가? 손목? 팔 위쪽? 방법은? 병원에서 청진기로 재는가, 아니면 혈압계로 재는가? 항상 왼쪽이나 오른쪽만 재는가? 아니면 양쪽 다 잰 후 그 수치의 평균을 내는가? 모든 측정 방법엔 나름의 오차 범위가 있다. 아무리 좋은 기계라 해도 어느 정도 정확성의 편차가 있고, 실제로 불량 기계도 많다. 자동 혈압계를 손목에 대고 재느냐, 혹은 팔 위쪽에 대고 재느냐에 따라 전혀 다른 수치가 나올 수도 있다. (후자가 더 나은 방법이다.) 차이는 족히 ±5mmHg까지 가능하고, 이 정도 오차면 혈압 치료 여부를 좌우할 수 있다. 측정 방법 하나만으로도 이렇게 차이가 난다. 먼저 왼쪽을 재고 이어서 오른쪽을 재느냐, 아니면 반대로 하느냐에 따라서도 수치가 달라진다. 이는 생물학적인 이유일 수도 있고, 측정 기계 탓일 수도 있다. 문제는 수치가 다를 때 이 두 가지 중 어느 쪽이 원인인지를 정확히 판단할 수 없다는 데 있다.

그다음은 올바르고 정확한 기준치다. 성능 좋은 기계가 있어 가장 올바른 측정 방법으로 혈압을 잰다고 가정해보자. 기계는 당신의 순환계가 실제로 생성하는 수치를 정확하게 가리킬 것이다. 그렇다면 당신이 치료를 받아야 하는 수치는 어디부터일까? 의사는 그 정확한 수치를 안다. 하지만 전문가들, 그러니까 심장학회는 몇 해에 한 번씩 치료가 필요한 기준치를 손본다. 그런데 지난 몇 년간 이 수치가 계속해서 낮아졌다. 그동안 기준치가 너무 낮아졌으니 다시 약간 올려야 하지 않겠냐는 논의가 나올 정도다. 그렇다면 지금까지는 (너무) 낮은 기준치로 인해 많은 환자가 불필요한 치료를 받았던 걸까? 지금 내가 심장학 관련 책을 쓰고 있는 것도 아니고, 이 책이 나올 때쯤이면 수치가 또 바뀔지도 모르니 안전상 정확한 수치는 언급하지 않겠다. 더구나 그 수치는 나이에 따라서도 달라지고, 생활 습관(주기적으로 운동을 하는지 여부)에 따라서도 다르게 해석할 수 있다. 어쨌든 혈압 치료를 받아야 할지 말지 결정하는 것은 어려운 일이고, 의사에 따라 전혀 다른 권고를 할 수도 있다. 이처럼 측정 기계의 문제와 해석의 문제가 있는데도 당신은 그것의 정확성을 믿겠는가?

신체의학이 그다지 정확하지 않다는 사실을 입증할 만한 사례는 이 자리에서 수백 개도 더 들 수 있다. 하지만 여기서는 딱 한 가지만 더 이야기하기로 하겠다. 그것이 의학의 정확한 절차를 보여주는 대표적 사례로 자주 언급되기 때문이다. 바로 맹장 수술이다. 염증 여부, 제거 여부를 고민할 필요가 거의 없다. 이미 맹장염을 앓았거나 의사한테서 "조금 더 지켜보며 혈중 염증 수치를 계속 체크해봅시다"라는 말을 들어본 사람이라면 잘 알 것이다. '제거 여부'를 결정하는 게 항상 그렇게 정확한 것은 아니라는 사실을 말이다. 예전에는 한층 가볍게 판단해서 조금만 의심이 들어도 바로 '제거' 결정을 내렸다. 그로 인해 맹장 수술을 너무 많이 했고, 당연히 마취와 수술의 온갖 위험을 감수해야 했다. 물론 이 자리에서 나이 많은 외과 의사들을 탓하자는 것은 아니다. 맹장은 내 전문 분야도 아니다. 어쩌면 요즘은 오히려 두고 보며 기다리느라 상태가 더 나빠지거나 합병증이 생기고, 때에 따라서는 매우 괴로운 일이 발생할 수도 있다. 하지만 어쨌거나 당신은 그 모든 게 특별히 정확하지는 않다는 걸 이미 눈치챘을 것이다. 사실 이는 너무나 당연한 일이기도 하다. 인간은 복잡한 생명체이고, 의학적 결정은 항상 그 복잡한 개별 사례의 맥락에서 내려야 하기 때문이다. 따라서 정확성을 과도하게 기대할 수는 없다. 또 항상 매우 정확하게 아는 것처럼 행동해서도 안 될 일이다.

정확성의 배관공, 정신의학

정신의학은 정반대 취급을 받는다. 우리가 하는 모든 일은 전적으로 각자의 의견에 따라 달라지며, 모호하고 부정확하고 복잡하다고 여겨진다. 하지만 이런 생각은 옳지 않다. 우리가 노력한다면 정신병리학적 진단, 개인적 상황 분석(기억), 유사한 증상의 다른 질병 가능성을 검토해 내리는 진단(감별 진단), 치료 권고 등을 흔히 생각하는 것보다 훨씬 더 정확하게 처리할 수 있다. 의사 간 의견 차이와 애매한 소견 등 고민해야 할 부분이 남아 있긴 해도, 우리는 어쨌거나 인간이라는 복잡한 생명 중에서도 가장 복잡한 측면, 즉 정신을 다루는 사람이다. 그러니 절대 신체의학 분과의 동료들 뒤로 숨을 필요가 없다. 사람들은 정신과 의사를 '영혼 배관공'이라고 부른다. 약간 무시하는 뜻이 없지 않지만, 나는 그 말을 싫어하지 않는다. 실력 좋은 배관공은 자기가 무엇을 하는지 알고 있다. 기술에 능숙하고 판단력도 뛰어나며 다양한 상황에서 어떻게 대처해야 할지 확실히 알고 있다. 정신과 두뇌는 배관과 달리 그렇게 기계적으로 처리할 수는 없지만, 나는 이 비유가 완전히 생뚱맞지는 않다고 생각한다.

진단이란 무엇인가

의학을 공부했다면 진단쯤이야 식은 죽 먹기로 내릴 거라고 생각하는 사람이 적지 않다. 여러 가지 질병이 있으니 그걸 그냥 알아보기만 하면 되지 않느냐고, 그렇게 오래 공부했으니 힘들 것이 무엇이냐고 말이다. 그러나 〈닥터 하우스〉의 팬이라면 아마도 이런 믿음이 살짝 흔들릴 것이다. 이 드라마에서는 환자가 앓는 질병의 원인을 알아내려면 천재적이면서도 괴팍한 진단 의사 '닥터 하우스'가 필요하기 때문이다. 진단만 잘 내리면 곧바로 의미 있는 치료가 시작되고, 환자는 순식간에 낫는다. 적어도 드라마에서는 그렇다. 그렇다면 올바른 진단을 내리기 위해서는 꼭 천재여야 할까? 아니면 그냥 의학 강의 시간에 정신 바짝 차리고 교수님 말씀만 잘 들었어도 괜찮을까? 의사는 탐정처럼 환자의 증상을 파고들어야 하는 걸까? 아니면 도표에서 올바른 병명을 찾아내기만 하면 되는 걸까? 문제가 이리도 복잡하니, 이러한 질문의 대답을 찾으려면 진단이 대체 무엇인지부터 이해해야 할 것 같다.

당신의 딸한테 마트에 가서 과일을 좀 사 오라고 심부름을 시켜보자. 아이는 과일을 사서 돌아올 테고, 이는 제대로 교육받은 아이라면 당연한 일이다. 그런데 당신의 딸이 마트에 가서 어떤 행동을 했는지 한번 살펴보자. 아이는 마트에 진열된 수백 가지, 아니 수천 가지 물건을 만났을 것이다. 물론 마트 직원들이 그 물건을 가지런히 정리해놓았다. 정리는 매우 다양한 방식으로 할 수 있다. 가령 모든 물건을 알파벳 순서대로 진열할 수 있다. 혹은 색깔별로 빨간 매대, 파란 매대 등으로 나눌 수도 있다. 물론 마트의 점장은 그렇게 하지 않았을 것이다. 과일이나 고기, 소시지 등 품목별로 매대를 나누어 진열했을 것이다. 당신의 딸은 그중 과일 매대로 다가갔을 것이다. 과일이라는 상위 개념을 배웠고, 나아가 어떤 개별 물건이 그 상위 개념에 포함되는지도 배웠을 테니 말이다. 당신의 딸이 수월하게 심부름을 마칠 수 있었던 데에는 마트의 점장이 과일이라는 상위 개념을 똑같이 이해해서 개별 과일을 그 매대에 진열한 덕분이다. 과일 매대는 상품의 유사성을 통해 탄생한다. 즉, 사과는 배와 비슷하지만, 소시지하고는 가까운 친척 사이가 아니다.

질병과 진단도 이와 비슷하게 생각해야 한다. 수천 가지 증상은 유형(Klasse)이라고도 부르는 상위 범주로 통합된다. 따라서 그런 질병의 진단을 범주형 진단(Categorical Diagnosis)이라고도 부른다. 마트의 매대처럼 교과서에 유형이 적혀 있으므로 의사는 수월하게 진단을 내릴 수 있다.

믿기 어렵겠지만, 이렇게 단순한 사안을 두고 철학은 적어도 2000년 전부터 논의를 시작해 지금까지도 계속하고 있다. 이름하여 **보편 논쟁**(Problem of Universals)이다. 간략하게 설명하면 이 논쟁은 개별 사물만 실제로 존재할 뿐 상위 개념은 지어낸 관념에 불과한 것인지, 또는 상위 개념도 실재하는 것인지를 두고 다툰다. 더 간략하게 설명하면 이렇다. 즉, 바나나는 손으로 잡을 수 있지만 과일은 그렇지 않다. 그렇다면 과일은 실재하는 것인가? 개념은 추상적 키워드에 불과한가?

철학적 논의는 늦어도 플라톤에서부터 시작되었고, 앞서 말했듯 형태를 바꾸어가며 지금까지 이어지고 있다. 중세 철학자 보에티우스(Boethius)가 번역한 포르피리오스(Porphyrios: 신플라톤주의 철학자로 유명하며, 아리스토텔레스의 논리학을 중세 스콜라 철학과 연결하는 중요한 역할을 했다—옮긴이)의 말을 들어보자.

> 속(屬) 및 종(種)과 관련해 그것들이 실제로 존재하는지, 아니면 지성(知性) 속에서만 존재하는지에 대한 논의는 하지 않을 것이다. 더 나아가 그것들이 실제로 존재한다면 물질적인지, 비물질적인지, 감각과 분리되어 존재하는지, 아니면 감각에서만 또는 감각으로만 존재하는지에 대한 논의도 하지 않을 것이다. 이러한 과제는 매우 수준이 높고 철저한 연구가 필요하기 때문이다.

그러니 공연히 고생할 이유가 뭐 있겠는가? 어쨌거나 진단을 내리려면 온갖 개별 증상을 정리할 개념이 필요하다는 것만은 분명하다. 개념은 여러 환자의 증상과 양상을 유사성에 따라 한데 묶는다. 하지만 한 가지 문제를 더 짚고 넘어가야겠다. 그러기 위해서는 다시 한번 마트로 돌아갈 필요가 있다.

사과와 배에 대하여

어쨌거나 당신의 딸은 과일을 사 왔다. 바나나 몇 송이, 오렌지

한 개, 배 두 개, 사과 한 개. 하지만 당신은 바나나와 오렌지 그리고 배는 집에 있으니 사과를 사 오라는 말이었다며 딸을 야단친다. 당연히 딸은 이렇게 반박할 것이다. "그러면 말을 했어야죠. 과일을 사 오라고 해서 과일 사 왔는데 …… 사과가 먹고 싶었으면 사과를 사 오라고 했어야죠." 이 역시 우리가 진단을 내릴 때 겪는 한 가지 어려움이다. 개별 사물(증상)을 범위가 다른 상위 개념에 집어넣을 수 있는 것이다. 가령 어떤 의사가 '열병'이라는 말로 열이 나는 모든 질병을 통칭하는 진단을 내렸다고 치자. 그렇지만 이 용어는 일반적으로 의미 있게 꾸준한 치료를 계획할 수 있을 만큼 정확하지는 않다. **홍반성 질환**이라는 말도 틀리지는 않겠지만, 보통 사람들은 그 증상이 홍역·풍진·성홍렬 중 어떤 것인지 알고 싶어 하기 때문이다.

따라서 '과일' 심부름은 정확하지 않다. 그렇지만 다시 '사과' 심부름을 시킨다 한들 어떻게 될까? 아빠를 완벽하게 만족시킬 사람은 거의 없기에 딸은 또 이런 야단을 맞을 것이다. "내가 그래니 스미스(Granny Smith) 안 좋아하는 것 너도 알잖아. 그걸 알면서 이것만 사 왔네." 이쯤 되면 딸의 인내심도 바닥을 드러낼 테고, 아무리 교육을 잘 받은 딸이라 해도 못 참고 버럭 화를 낼 것이다. "다음부터는 아빠가 직접 사 오세요!" 아빠는 어떻게든 딸을 이겨보려고 반격할 말을 찾던 중 장바구니에서 배

랑 닮은 이상한 과일 하나를 발견하고는 이렇게 말한다. "이게 뭐야? 이건 사과가 아니잖아." 그러나 돌아온 것은 딸의 마지막 일격이다. 딸이 학교에서 선생님의 설명을 열심히 들었기 때문이다. "아빠, 이건 나시배(Nashi Pear)라는 거예요. 사과하고 배를 접붙여서 만든 과일이에요. 그건 제 거니까 건드리지 마세요."

어느 정도까지 구분을 계속해나가야 할까? 얼마나 일반성을 유지할 수 있을까? 나시배 같은 것이 질병에도 있을까? 이런 질문은 DSM, 즉 《정신 질환 진단 매뉴얼(Diagnostic and Statistical Manual of Mental Disorders)》의 마지막 개정판이 나왔을 때 격렬한 반발이 일어난 이유이기도 하다. 하지만 우리는 처음부터 차근차근 살펴보기로 하자.

요컨대 진단은 다양한 증상을 하나의 질병으로 묶는 상위 개념이다. 이 질병은 한 개인에게서 나타날 때 같은 병을 앓는 다른 사람들과 약간 다른 모습을 띤다. 하지만 그래도 양상이 워낙 비슷해서 같은 상위 개념으로 합칠 수 있다. 홍역에 걸렸다고 해서 반드시 열이 높은 것은 아니다. 심지어 붉은 반점조차 거의 보이지 않는 경우가 있다. 상태가 별로 심하지 않은 사람이 있는가 하면 아주 심한 사람도 있다. 그래도 굳이 검사를 해보면 모두에게서 혈액의 면역계가 홍역 바이러스에 반응한다. 결국 모든 환자가 꽤 비슷하다. 홍역이라고 해서 다 같은 홍역이 아니라는 사실, 경과는 물론 병원체(바이러스의 유전자 타입이 20가지가 넘는다)도 다르다는 사실에 관심을 갖는 이는 기껏해야 학자들뿐이다. '홍역'이라는 진단의 정확성은 대부분 일상적인 임상으로도 충분히 확인할 수 있다.

정신 질환도 아주 비슷하다. 정신 질환의 개별 양상은 그 유사성을 기준으로 나누고 이름 붙인다. 이런 질병들을 간략하게 설명하며 진단 기준을 제시하는 책이 두 권 있다. 흔히 '진단 매뉴얼'이라고 부르는 ICD와 DSM이 그것이다. 후자는 몇 년 전 개정판이 나왔고, 위에서 언급한 질문들을 제기해 정신 질환에 대한 전 세계적 논의를 불러일으켰다.

울분 장애라는 것이 있을까

그 이유는 진단의 수가 점점 늘어났기 때문이다. DSM-3만 해도 총 229개이던 종류가 DSM-4에서는 389개로 껑충 뛰었다. 그리고 DSM-5를 처음 작성할 때는 진단 수가 더 늘었다. 로마 숫자로 쓰던 개정판 표기를 아라비아 숫자로 바꾸었다는 것을 제외하고도 이러한 증가는 중대한 내용상의 변화였다.

어떻게 그럴 수 있을까? 갑자기 새로운 질병이 우르르 발견되거나 새롭게 등장했단 말인가? 아니면 우리가 날이 갈수록 병들어가고 있는 걸까? 아니면 그 모든 것이 그저 정신의학의 교묘한 홍보 전략에 불과한 걸까? 반(反)정신의학의 대표자 토머스 서스(Thomas Szasz: 헝가리계 미국 정신과 의사 ─옮긴이)는 일찍이 1970년대에 정신 질환은 돈을 벌고 싶어 하는 정신과 의사들이 만든 날조에 불과하다고 주장했다. 물론 그의 주장은 과한 면이 없지 않지만, 질병의 범위를 자꾸만 확대하는 행위를 어찌 보아야 할까? 그렇게 하는 것이 정당할까? 이 질문에 대한 대답은 앞서 설명한 구분의 정확성 문제와 관련이 있다. 앞에서 살펴보았던 과일-사과-그래니 스미스 얘기가 기억나는가?

정신의학에서 만날 수 있는 아래의 사례가 그에 대한 해답을 제공할 것이다. 여기 끔찍한 일을 겪은 사람들이 있다. 전쟁이나 지진, 성폭행이나 살해 시도, 고문 비슷한 사건 말이다. 이들 중 많은 사람이 이후에 흔히 말하는 외상 후 스트레스 장애(PTSD)를 앓는다. DSM-5는 그 질병을 다음과 같은 판단 기준으로 정의한다.

- 심각한 해당 사건이 반드시 일어났어야 한다.
- 이 사건이 계속해서 기억나고 떠올라 괴롭다.

- 그 사건이 일어난 장소는 물론 그에 대한 생각조차 회피하려 한다.
- 그 사건이 부정적 감정과 인지를 불러온다.
- 외부 사건에 대한 예민한 반응(짜증, 분노, 충격)이 특히 스트레스 상황에서 반복된다.

이런 증상이 적어도 한 달 이상 계속되거나 당사자의 심리와 사회생활에 지대한 피해를 줄 경우, 당연히 PTSD 진단을 내려도 좋다. 또 그렇게 하는 의미도 있다. 트라우마의 종류는 정말로 다양하고 또 사람마다 반응도 각양각색인데, 이런 증상을 보이는 사람은 대부분 피해가 막심하고 심리 치료를 통해 큰 도움을 받을 수 있다. 병의 양상과 원인이 워낙 비슷하므로 특정 진단을 내리는 것은 정당하다.

그런데 일부 환자에게서 반복적으로 나타나는 특별한 형태의 경과가 하나 있다. 이러한 경과를 거치는 환자 역시 앞에서 설명한 트라우마 증상을 경험한다. 하지만 시간이 지나면서 울분을 느낀다는 게 특이하다. 이런 특이점을 인지하는 것은 중요하다. 이들의 증상 및 경과가 일반적인 다른 환자들과 약간씩 다르고, 치료 역시 그 특수한 감정 장애를 고려해야 하기 때문이다. 하지만 그렇다고 해서 이런 형태의 경과를 독자적인 질병으로 정의하는 게 정당할까? 이는 그걸 어떻게 보느냐는 시각의 문제다. 실제로 DSM-4에서 DSM-5로 개정될 때 '울분 장애'를 새 진단명으로 도입하자는 제안이 있었다. 개정 담당 전문가들 역시 특별한 형태의 경과가 있다는 사실은 인정했지만, 독자적인 새 진단명을 내릴 근거는 없다고 결정 내렸다.

어찌 되었건 날로 세분화되는 진단 기준에 대해서는 세계적으로 거센 비판이 일었다. 기준이 점점 세밀해지고 문턱이 낮아지면 정신 질환자가 점점 늘어날 것이라는 우려 탓이었다. 이런 비판 덕분에 DSM-5는 결국 DSM-4보다 진단명이 줄어드는 결과가 발생했다. 물론 그렇다고 해서 바깥세상에 존재하는 증상이 달라지지는 않는다. 그저 이런 개별 현상들을 약간 덜 세밀하게 나누어 상위 개념으로 묶었을 뿐이다. 매뉴얼이 인정하는 것만 진단으로 인정되므로, 우리는 이제 이렇게 말해야 한다. 울분 장애는 없으나 특별하게 울분이 나타나는 PTSD의 경과 형태는 존재한다고 말이다.

덧붙이자면, 해당 트라우마를 겪은 사람 중 위에서 설명한 증상을 경험해 환자로 진단받는 사람은 절반밖에 안 된다. 모두가 그런 증상을 겪지 않는 이유는 취약성 스트레스 대처 모델로 설명할 수 있을 것이다.

진단은 어떻게 내릴까

오늘날 정신과 의사는 (세계보건기구가 발행하는) ICD와 (미국정신의학협회가 발행하는) DSM을 이용해 진단을 내린다. 이 매뉴얼은 특정 진단에 필요한 기준을 정한다. 환자가 찾아오면 정신과 의사는 첫 단계로 그 환자를 괴롭히는 증상을 최대한 정확하게 파악한 다음, 자신의 지식과 지금까지의 경험을 바탕으로 어떤 정신의학적 진단을 내릴지 고민한다. 그런 후 자신이 고민한 병명이 맞는지 진단 매뉴얼을 뒤적여 검토한다. 즉, 환자의 증상이 진단 기준을 충족하는지 점검한다. 이런 방식의 진단은 의사 개인이 담당하는 진단 단계, 즉 운영을 기반으로 삼기 때문에 운영적 진단(Operationalisierte Diagnostik)이라고도 부른다.

예전에는 달랐다. 내가 아직 레지던트를 하던 시절에는 교수님이기도 한 과장님이 주기적으로 회진에 참석했다. 그러면 우리는 그분께 환자를 소개하고 의심 진단을 설명했다. 과장님이 흡족해할 때도 있었지만 의견이 다를 때도 많았다. 아직 분위기가 엄중하던 시기여서 당연히 과장님 말씀이 진리였고, 사실 그럴 만한 근거도 충분했다. 따지고 보면 과장님이 경험도 제일 많고 지식도 우리보다 훨씬 풍부했으니 말이다. 실제로 나는 그런 회진을 통해 정말로 많은 걸 배웠다. 그런 식의 진단을 우리는 농담 삼아 **명사 기반**(Eminence-based), 즉 명사인 과장님이 내린 진단이라고 불렀다. 요즘은 **근거 기반**(Evidence-based), 즉 가능한 한 사실에 근거한 진단을 내린다. 물론 이는 너무 단순한 표현이다. 과장님의 진단 역시 사실에 기반했고, 정확도 또한 지금 못지않았으니 말이다. 물론 매뉴얼 기준에 따라 내린 진단은 이해하고 검증하는 게 한층 더 수월하다. 그래도 최신 개정판부터는 진단 매뉴얼 역시 국제적 연구가 낳은 새로운 과학적 인식과 더불어 명사들의 활약이 다시금 중요해졌다. 어떤 기준으로 어떤 진단을 매뉴얼에 넣을지 말지를 명사들이 결정하니 말이다.

근거와 명사 이외에 시대정신 같은 사회적 발전도 진단에 영향을 미친다. 얼마 전까지만 해도 통용되었고 지금도 여기저기서 적용하는 ICD-10의 선배 격인 ICD-9에서는 동성애를 정신과 진단으로 분류했다. 오늘날의 우리가 보면 너무나 고리타분하지만 40년도 채 지나지 않은 시절의 얘기다. 동성애 자체를 질병으로 여기는 것이 이상하긴 해도 동성애자 중에는 여전히 자신의 성적 지향에 부담을 느껴 적어도 잠깐 동안은 고통을 겪는 사람이 있다. 아직 충분히 관용적이지 못한 사회 탓도 있겠지만 당사자의 내적 갈등도 잦은 원인으로 작용한다. 요컨대 동성애로 인해 문제가 생길 수는 있으나 그게 질병인 것은 절대 아니다.

정신 질환의 진단을 둘러싼 어려움에 대해서는 여기까지 이야기하기로 하자. 질병인지 아닌지, 정상인지 아닌지, 어디서 경계선을 긋고 누가 그을 것인지, 판단 기준은 무엇인지 등등 모두가 대답하기 무척 힘든 질문이다. 특히 어떤 경험이나 행동이 누가 봐도 확실히 경계선을 벗어나지 않은 상황에서는 더욱 대답하기가 쉽지 않다.

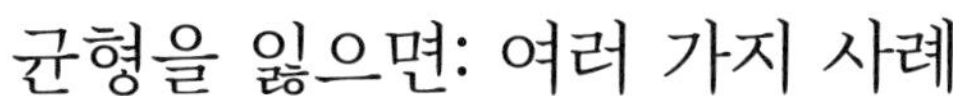

균형을 잃으면: 여러 가지 사례

ICD-10에 따른 진단

앞으로 몇 단락에 걸쳐 흔히 정신 질환이라고 여겨지는 여러 증상이나 질병에 대한 이야기를 하려 한다. 이와 관련한 진단은 ICD-10의 형식적 구조에 의거에 설명할 것이다. ICD-11은 차례가 약간 다르긴 해도 내용은 별반 차이가 없다. ICD-10은 정신 질환을 총 10장에 걸쳐 소개한다. 항상 대문자 F(정신 질환은 F 섹션에서 설명한다) 뒤에 장 번호가 붙는데, 각 장의 정신 질환 분류는 다음과 같다.

F0 증상이 있는 기질성 정신 장애

F1 향정신성 물질 사용에 의한 정신 및 행동 장애

F2 조현병, 분열형 및 망상성 장애

F3 정동 장애

F4 신경증성, 스트레스-연관 및 신체형 장애

F5 생리적 장애 및 신체적 요인을 수반한 행동 증후군

F6 성인의 인격 및 행동 장애

F7 정신 지연

F8 정신 발달 장애: 발달 장애 항목 참조

F9 소아기 및 청소년기에 주로 발병하는 행동 및 정서 장애

F0에서 F6까지는 주로 성인의 정신 질환을, F7에서 F9까지는 주로 아동과 청소년의 정신 질환을 다룬다.

정신 질환의 여러 사례

이제부터 성인 정신 질환의 몇 가지 사례를 순서대로 소개할 것이다. 당연히 내가 선별한 게 완벽하지는 않다. 때론 질병을 아에 언급하지 않고 증상만 나열하는 경우도 있을 것이다. 정신 장

애 교과서를 쓰는 것이 아니라, 수많은 증상과 질병을 조금씩 소개하는 것이 나의 목적이기 때문이다. 나는 특히 오해를 자주 받아서 그런 잘못된 판단이 정신의학 전체에 대한 편견을 부추기는 질병을 주로 선별했다. 때로는 내 상담실에서 들은 이야기를 그대로 소개할 것이다. 인식과 치료, 예후를 균형 있게 다루지 못한 경우도 많아서 어떤 때는 이런 측면을, 다른 때는 저런 측면을 강조하기도 했다.

F0 — 증상이 있는 기질성 정신 장애

첫 장에서는 기질적 (그러니까 신체적) 원인이 있거나 그럴 것이라는 합리적 추정이 가능한 모든 질환을 소개한다. 가장 많이 알려진 질병이 치매다. 치매라는 말을 들으면 대부분은 알츠하이머 치매를 먼저 떠올린다. 그것이 가장 흔한 형태이고 실제로도 끔찍한 질병이기 때문이다. 뇌세포가 죽어가는데도 우리는 사실상 지금껏 이유를 정확히 알지 못한다. 치매가 발생하는 각 메커니즘에 대해서는 많은 것을 알고 있고, 또 치매가 첫째 나이에 따른 과정이며, 둘째 유전자가 중요한 역할을 한다는 명확한 증거도 갖고 있다. 그러나 여전히 진짜 원인을 모르고, 혹시 여러 가지 원인이 있다 해도 그 상호 작용에 대해 아는 바가 없으므로, 지금껏 진행을 멈추거나 거기서 한 걸음 더 나아가 되돌릴 수 있는 원인 치료법을 아직 개발하지 못했다. 이 분야의 연구는 활발하다. 어쩌면 이 책이 나올 무렵에는 원인 치료법이 없다는 내 말이 옛이야기가 될지도 모른다. 물론 그렇지 않을 수도 있다. 아마 우리가 진짜로 효과 있는 약을 찾을 때까지는 몇 년이 더 걸릴 것이다. 당연히 나의 두 번째 바람은 나 자신이 그렇게 되기 전에 약이 나오는 것이다.

제약 회사와 골치 아픈 일을 겪을지도 모르니 이 말은 하고 넘어가자. 치매의 진행을 늦추어 삶의 질을 향상할 수 있는 약은 분명히 있다. 하지만 치료 약은 없다. 아직은 그렇다. 치매 치료는 무엇보다 평생 동안 환자의 삶을 지키는 동반자의 몫이다.

치매에 걸린 외과 의사

예전에 바젤 대학병원에 있을 때 독일에서 유명한 외과 의사를 상담한 적이 있다. 심장외과 수술 분야에서 선도적인 전문가 중 한 사람이었다. 많은 동료 의사가 찾아와 그의 경험과 수술 기술을 배웠다. 그런데 나를 방문하기 약 1년 전쯤부터 조금씩 이상

증세가 나타났다. 수술실에서 집중력이 떨어지기 시작한 것이다. 심각한 실수를 저지르지는 않았어도, 가령 수술 도구의 이름을 자꾸만 까먹었다. 처음에는 별문제가 되지 않았다. 수술은 늘 팀이 함께했고, 수술실 전문 간호사는 보통 어느 단계에서 의사에게 어떤 도구가 필요한지 잘 안다. 처음에는 스트레스가 너무 심해서 그런 줄 알았다. 어려운 수술에선 보조 의사가 손을 보태야만 할 때가 많아졌다. 물론 환자에게는 아무런 피해도 주지 않았다. 그런 복잡한 수술에 참여하는 의사는 보조라고 해도 모두 경험 많은 전문의였기 때문이다.

그러다 결국 담당 교수의 눈에 띄었고, 당연히 그 의사 자신도 자기 문제를 자각하기 시작했다. 그는 휴가를 냈다. 하지만 휴가를 마치고 돌아온 후에도 상황은 나빠지기만 했다. 결국 휴직계를 내고 검진을 받았다. 알츠하이머 치매가 의심된다는 진단이 나왔다. 그 소견서를 들고 나를 찾아왔을 때 그는 당연하게도 상당히 절망한 상태였다. 나는 사전 검진이 그다지 설득력이 크지 않으며, 그의 증상이 교과서와 완전히 일치하지는 않는다고 보았다. 대화 중에 그는 특히 단어 찾기에 어려움을 겪었다. 그 증상은 치매 진단과 일치했다. 하지만 어쨌거나 벌써 1년이 흘렀는데도 그는 일반적인 대화로 판단 가능한 모든 사고 과정에서 별다른 특이점을 보이지 않았다. 그 점은 교과서의 치매 진단과 맞지 않았다. 그는 비교적 집중을 잘했고 비판적으로 판단할 줄 알았다. 복잡한 논리도 잘 이해했고, 기억 역시 검증 가능한 한도 내에서는 매우 좋았다. 그러나 풀이 죽었고 의욕이 없었다. 그래서 나는 항우울 치료를 받는 게 어떨지 의논했다. 다행히 약이 잘 들어서 그는 기분이 좋아졌고, 단어가 떠오르지 않는 설단 현상(舌端現象)도 호전되었다. 그래도 우리는 특수 치매 검사를 받아보자고 의견을 모았다. 당연히 그도 자신한테 무슨 문제가 있는지 알고 싶어 했다.

검진 결과, 안타깝게도 치매일 확률이 매우 높았다. 나는 그에게 치매가 아닐 수도 있다고 말해온 터였고, 우울증의 동반 증상에 불과할 수 있다는 희망을 버리지 않았다. 아마 믿고 싶지 않았기 때문일 것이다. 나는 그 환자가 정말 마음에 들었다. 전문가들 사이에서 그 정도로 명성을 얻은 남자가 정말 겸손했기 때문이다. 하지만 결과는 너무나 명백해서 억지로 눈을 감는다고 될 일이 아니었다.

우리는 무엇보다도 앞으로 어떻게 할지 의논했다. 그가 두 번 다시 수술실에 들어갈 수 없다는 것은 누가 봐도 뻔했다. 시간이 좀 지나자 그는 놀라울 정도로 자신의 상태를 잘 받아들였다. 특히 발병 초기에는 심지어 수술 자체를 스트레스로 느꼈다. 학술회의에서 자신에게 쏟아지는 스포트라이트가 어차피 부담스러운 터였다. 살아오면서 큰일을 해냈다는 사실은 중요하고, 그역시 그런 점에서 자부심을 느꼈다. 동료들의 칭찬도 좋았다. 병에 걸렸다고 해서 그의 업적이 사라지는 것도 아니었다.

그런 상황을 해결할 비법은 없다. 치매는 심리 치료로 나을수 있는 병이 아니다. 하지만 그 환자는 심리 치료를 통해 그동안 일하느라 하지 못했던 전혀 새로운 일에 집중할 수 있었다. 그는 자연을 무척 좋아했다. 특히 바다를 사랑했다. 그래서 쥘트(Sylt: 독일 북서부의 북해에 있는 섬—옮긴이)에 가족 별장을 한 채 마련해 그곳에서 보내는 시간을 점차 늘려갔다. 아내와도 새로운 방식의 관계를 맺기 시작했다. 아이들은 이미 다 성장해 막내까지 얼마 전에 독립했다. 외과 의사로 살다 보니 그동안 작은 부분일지라도 자신의 무력함을 인정하고 도움을 청하는 일에 익숙하지 않았다. 질병은 관계의 역할 교체를 요구할 때가 많고, 그로 인해 관계 자체가 위태로워지는 경우도 드물지 않다. 아내와도 관계를 새롭게 정립해야 한다. 그 과정에서 부부의 금실에 금이 가기도 한다. 일상적인 상황도 큰 부담이 될 수 있다. 상대가 지금껏 알던 그 사람이 아니다. 만일 지금과 같은 상태라면 애당초 그와 결혼하지 않았을지도 모른다. 따라서 그런 부담을 다 이겨내고 서로에 대한 애정을 지켜내는 파트너야말로 실로 존경받아 마땅한 사람들이다.

놀랍게도 나의 환자는 절대 아내를 병원에 데려오지 않겠다고 고집을 부렸다. 아내는 남편을 검사한 남편 동료들에게서 남편의 상태를 전해 들은 터였다. 환자 역시 아내가 알아야 한다고 생각했다. 하지만 나에게 받는 심리 치료는 오롯이 자신의 몫이라고 생각했다. 보통 치매 환자의 경우에는 심리 치료에 반드시 직계 가족을 참여시킨다. 하지만 나는 그의 바람을 존중했고, 시간이 좀 지나면 아내와 함께 도움받을 곳을 찾아보라고 권했다. 치매가 진행되면 생활에 필요한 각종 문제를 처리해야 하고, 일상을 도와줄 돌봄 시스템을 구축해야 하며, 때로 굴욕적일 수 있는 어려운 상황에서는 가족까지도 지원을 받아야 한다. 이런 도움의 손길을 그가 나중에 다른 곳에서 구했으므로, 나는 더 이상 그를 보지 못했다. 따라서 치매가 진행되는 과정도 곁에서 지켜볼 수 없었다.

F1 — 향정신성 물질 사용에 의한 정신 및 행동 장애

정신 장애의 두 번째 장에는 향정신성 물질 때문에 발병할 수 있는 모든 질병을 모아놓았다. 아마 대부분의 사람이 그로 인한 도취 상태가 어떤지 잘 알 것이다. 어지러워 서 있기도 힘들다.

걸음이 위태위태하며 구역질이 난다. 심장이 두근거리면서 땀이 솟구친다. 아무나 붙잡고 시비를 걸고 싶다. 이 단계에 도달하면 이미 알코올 중독 진단 기준의 요건을 충족한 셈이므로 코드 번호 F10.0을 붙일 수도 있을 것이다.

물론 여기서는 헤로인, 아편, 코카인 같은 불법 약물 복용에 따른 질병도 언급한다. 하지만 놀라지 마시라! 담배나 카페인도 ICD가 질병으로 분류하는 장애를 일으킬 수 있다. 급성 중독, 급성 환각 외에도 향정신성 물질 복용으로 인해 발생할 수 있는 **유해한 사용, 의존 증후군, 금단 증후군** 및 기타 상태도 여기에 해당한다.

F2 ─ 조현병

조현병(Schizophrenia)이라는 명칭은 100년도 더 이전에 붙은 이름이다. 무척 흥미로운 질환이지만, 이 병에 대해 자세히 다루는 것은 이 책의 범위를 벗어나는 일이다. 한마디로 설명하면 조현병은 장기간의 망상과 환청, 자아 장애가 나타나는 상태를 말한다. 좀 부정확하지만, 이런 상태를 그냥 **정신병**(Psychose)이라고 부르기도 한다.

환청

어제는 버스 정류장에서 버스를 기다리고 있었다. 나 말고 남자 한 명이 더 있었는데, 갑자기 그 사람이 나한테 다가오더니 알아들을 수 없는 말을 하기 시작했다. 내가 대답하려던 순간, 그가 다시 몸을 획 돌렸다. 그러고는 여전히 뭐라고 지껄였다. 정신과 의사인 나는 그런 장면을 보면 바로 긴장을 한다. 무슨 소리를 들은 걸까? 환청이 들리는 걸까? 하지만 요즘은 혼자 구시렁대며 소통하는, 이름하여 핸즈프리 기기의 시대다. 내가 그런 생각을 하는 동안에도 그 남자는 계속 혼자 중얼거리며 이상한 손짓을 해댔다. 나는 흥미가 동했다. 그래서 그가 눈치 못 채게 살짝 다가가 버스에 오르는 그를 관찰했다. 그리고 그를 따라 버스에 올라 그의 바로 뒷좌석에 앉았다. 장담하건대 그의 양쪽 귀 어디에도 기계가 꽂혀 있지 않았다. 귀에서 아래로 늘어진 줄도 없었고, 우아하게 귀를 덮은 헤드폰도 보이지 않았다. 그런데도 그는 계속해서 중얼거렸다. 환청을 듣는 걸까? 아니면 세련된 신기술? 판단하기 어려웠다.

사람들이 보이지 않는 상대와 문득 큰 소리로 이야기를 시작해도 인류의 절반이 아무렇지 않다면, 그것도 나쁘지는 않은 일이다. 오히려 조현병 환자들은 고마워할 것이다. 그런 행동을 정상으로 받아들이면, 앞으로는 아무도 그들의 행동에 주목하지 않을 테니 말이다. 흥미로운 발전이 아닐 수 없다. 예전에는 혼자 큰 소리로 떠드는 사람을 보면 미쳤다고 생각했다. 요즘은 다르다. 우리 아이들은 휴대전화 없는 삶이 가능하다고 믿지 못할 것이다. 아내와 내가 그 시절 이야기를 하면, 우리가 원시인 동굴에서 자랐다고 생각할 것이다. 따라서 오늘은 사회적으로 남다른 행동일지라도 내일이면 아무도 신경 쓰지 않는 정상이 될 수 있다.

물론 설령 그렇게 되어 환청을 사회적으로 지금보다 훨씬 용인한다고 하더라도 이 병이 즐겁고 재미있다는 말은 절대 아니다. 우리는 흔히 환청을 듣는 사람이 그 소리를 '상상'한다고 생각한다. 여기서 상상이란 소리의 실질적 근거가 없는데도 환자가 경험하는 것처럼 지어낸다는 뜻이다. 하지만 당사자들은 목소리를 실제로 듣는다고 말한다. 그 목소리 혹은 여러 개의 목소리가 하는 말을 알아들을 수도 있다. 환청 속에서 목소리들이 자기끼리 이야기를 나누는 경우도 허다하고, 그럴 때는 대부분 환자에 대해 나쁜 말을 한다.

"쟤 좀 봐. 말라비틀어졌잖아. 너무 약해서 걷지도 못할 판인데, 하는 짓도 형편없어." 한 목소리가 이렇게 말하면 다른 목소리가 화답한다. "안 그래도 내가 계속 그랬잖아. 도대체가 할 줄 아는 게 없다니까." 직장 상사가 혹은 배우자가 실제 삶에서 당신에게 그런 말을 한다면 상당히 불쾌할 테고 대부분은 마음에 상처를 입을 것이다. 그런데 이런 독설가들이 온종일 당신 주변을 맴돈다고 한번 상상해보라. 어디를 가든 그들의 소리가 당신 귀에 크게 들린다. 목소리나 소음을 상상하는 게 아니라 실제 귀로 듣는 것, 이것이 환청의 특징이다. 그러니까 해당 환자에게는 흔히 말하는 '상상'이 아니다. 실제적인 감각 인지(認知)다.

연구 조사 결과를 보면, 환청이 들릴 때 조현병 환자의 뇌에서는 실제 소리를 듣는 건강한 사람의 뇌와 같은 신경 센터가 활성화한다고 한다. 그러니까 해당 환자의 감각 인상(Sense Impression)에서는 환청과 실제 소리가 아무런 차이도 없는 것이다. 조현병 환자는 목소리를 실제로 듣는 것이다! 따라서 '상상'이라는 말은 오해의 소지가 있다. 더구나 이는 목소리에만 해당하는 것이 아니라 모든 종류의 환각에 적용된다. 환자는 실제로 흰쥐를 보고, 실제로 이웃집 독가스 냄새를 맡으며, 실제로 음식에서 비소 맛을 느끼고, 실제로 피부에 개미가 기어다니는 느낌이 든다. 이로 인해 치료가 무척 힘들어지기도 한다. 누군가 당신에게 책의 빈 페이지를 가리키며 글자가 적혀 있다고 우길 경우, "글자가 보인다"고 말하면 그뿐이다. 하지만 당신이 아침마다 침대를 지나 행진하는 난쟁이 악대 행렬을 글자처럼 또렷하게 본다면 어떻게 하겠는가? (이 사례는 조금 뒤에 자세히 설명할 것이다.) 당신은 자신이 미쳤다고 생각할까? 아마 그럴 것이다. 그래도 당신이 눈으로 본 게 실제로 존재한다는 사실은 의심하지 않을 것이다.

환각은 환상적 오인(Illusory Misperception) 및 가상 환각과 더불어 감각 기만의 일종이다. 원칙적으로 우리의 감각은 전부 다 속을 수 있다. 환각적인 것을 듣고 보고 냄새 맡고 맛보고 느낄 수 있다.

그리고 환각은 아주 단순할 수 있지만, 매우 복잡할 수도 있다. 여기서 '단순하다'는 말은 탁탁하는 소리, 바스락거리는 소리 같은 단순 소음을 뜻한다. 앞에서 소개한 사람 목소리 역시—단순 소음보다는 복잡도가 매우 높지만—상대적으로는 단순한 환각이다. 조현병 환자가 자주 듣는 소리는 그냥 한 사람의 목소리가 아니다. 여러 명의 목소리가 서로 이야기를 주고받으며 주로 해당 환자를 비방하고 위협하고 모욕한다. 환청의 목소리가 환자에게 명령을 내리는 경우도 드물지 않다. 그러면 환자는 목소리가 명령하는 동작을 따라 할 수밖에 없다. 때로는 목소리가 환자에게 창문에서 뛰어내리라고 명령한다. 환자는 버티지만, 언제까지고 환청의 명령을 따르지 않을 수는 없다.

이보다 훨씬 더 복잡한 환각도 있다. 소파에 앉은 채 환각

속에서 연극 한 편을 볼 수 있고, 교향곡 한 곡을 다 들을 수도 있다.

취주악단

나는 오래전 노인 전문 병원에 자문 진료를 다닌 적이 있었다. 어떤 병원에 특정 과(科)의 전문의가 없을 경우, 해당 과의 외부 의사를 초청하곤 한다. 가령 어떤 병원에 정신과가 없다면, 정신과 의사를 불러 자기 병원 환자의 정신과적 문제를 의논하는 식이다. 나도 이런 이유로 그 병원에 자주 불려 다녔다. 하루는 한 할머니가 이상 행동을 한다는 연락이 왔다. 면회 온 사람이 없는데도 자꾸 누가 왔다고 우기는 게 아마도 상상을 하는 것 같다고 했다.

환자는 다른 방보다 조금 더 큰 1인실에 누워 있었다. 나하고 말이 잘 통한다고 느꼈는지 환자는 금방 나를 신뢰했다. 나를 본 지 얼마 안 되었는데도 매일 밤 자기 방에서 벌어지는 일을 털어놓았다. 갑자기, 정말로 느닷없이 난쟁이들이 벽에서 튀어나오는데, 키는 10센티미터 정도에 파란 제복을 입은 그들이 악기를 연주한다고 했다. 그러니까 난쟁이 취주악단이었다. 난쟁이들은 벽에서 나오자마자 연주를 시작하는데, 대부분 행진곡이라고 했다. 그들은 연주하면서 빠르게 발을 맞춰 환자의 침대를 향해 걸어온다. 그러곤 침대로 기어 올라와서는 이불을 밟고 지나가 반대편 벽으로 사라진다.

할머니는 그게 재미도 있고 다 좋은데, 딱 한 가지 신발을 신은 채로 이불을 밟는 게 기분 나쁘다고 했다. 또 연주 소리가 너무 시끄럽고 전체적으로 악대의 행동이 이상하다며, 혹시 내 가 그만두게 할 수는 없는지 물었다. 상담을 해보니 환자는 약 부작용을 겪고 있었다. 또 물을 너무 적게 마셨다. 다행히 우리 는 상대적으로 간단한 조처를 통해 환자의 그 희한한 상상을 멈 추게 할 수 있었다.

추적 망상

정신의학을 주제로 책을 쓴다고 했더니 내 정신과 의사 친구가 사례 하나를 들려주었다. 정신과 수련의 초기에 그가 겪었던 일 이다.

병원의 다른 과에서 정신과로 보낸 환자가 한 명 있었다. 누 가 봐도 망상이 심했기 때문이다. 정신과 병동으로 이송되는 동안에도 그는 연신 미심쩍은 표정으로 좌우를 살폈다. 병실로 데려온 후 내 친구가 그에게 자기소개를 하고는 설명을 더 하려고 입을 떼려던 순간, 환자가 말했다. "선생님, 다들 저를 미친 사람 취급합니다. 하지만 아니에요. 전 미치지 않았어요. 그들이 날 쫓아온다고요."

"누가 쫓아오는데요?" 친구가 물었다.

"이야기가 깁니다." 누가 엿들을세라 방문과 창문을 힐끗 살피고는 환자가 소리 죽여 이야기를 시작했다.

"시작은 이탤리언 피자 가게였어요. 피자를 잘못 가져왔더라고요. 그래서 제가 항의를 했죠. 뭐 제가 좀 무례하게 굴기는 했어요. 아무리 그래도 너무 이상했죠. 나랑 싸우거나 변명을 늘어놓을 거라고 예상했거든요. 아니면 협박을 하던가요. 그런데 아마 못 믿으실 겁니다. 아무 일도 없었거든요. 웨이터가 와서 피자를 치웠어요. 그리고 잠시 후 새 피자를 들고 왔지요. 말 한마디 없이요. 정말 아무 일도 없었어요. 그런데 다시 부엌으로 들어간 웨이터가 내 옆자리에 앉은 세 남자에게 눈짓을 보내는 거예요. 제가 확실히 봤어요. 살짝 고갯짓으로 나를 가리켰어요. 신호를 준 거지요. 그 순간 알아차렸습니다. 일을 맡겼던 거죠."

"무슨 일이요?"

"나한테 갚아주라는 거죠. 보여주라는 거예요." 더는 설명이 필요치 않다는 듯 그는 잠시 기다렸다. 그러고는 이런 말을 덧붙였다.

"그때 당장 날 죽이려던 건 아니었던 것 같아요. 하지만 그 후에 온갖 일을 겪으면서 확신이 들었죠. 날 죽이려는구나."

그는 잠시 머리를 싸매면서 추가 증거를 떠올리려 애를 쓰는 듯했다.

"한번은 우리 집 맞은편 카페에 어떤 남자가 앉아 있었어요. 보자마자 딱 알아봤어요. 신문을 읽고 있었지만, 누가 봐도 날 감시하고 있더라고요. 내가 집에서 나오자마자 그가 휴대전화를 집어 들었어요. 분명 딴 놈들에게 알렸던 거죠. 나는 잽싸게 달아났어요. 길모퉁이에서 걸음을 멈추었는데, 아무 일도 없었어요. 놈이 꼼짝도 안 하고 그냥 앉아 있더라고요. 언젠가는 나를 잡을 거라는 자신이 있었던 거죠. 그러니까 서두를 필요가 없었던 거예요. 날 쫓아올 필요도 없었어요. 어차피 나를 잡을 테니까……. 또 한번은 이웃집에서 나지막한 목소리가 들렸어요. 나에 대해 속닥속닥 이야기를 나누고 있었어요. 무슨 말인지 알아들을 수는 없었지만 내 이야기를 하는 게 틀림없었어요. 그날 밤에 드디어 나를 습격하자고 합의를 본 거죠. 그래서 제가 우리 집 문을 틀어막았습니다. 옷장을 문 앞으로 밀어놓고 사방에 줄을 쳤어요. ……그리고 이제부터가 요점입니다. 이게 최종 증거거든요. 놈들이 어떻게 어떻게 해서 내 생각을 알아차렸던 겁니다. 그날 밤에 쳐들어오지 않았거든요. 내가 저항한다는 걸 직감했던 거죠."

당연히 내 친구는 그 이야기가 망상이라는 걸 금방 눈치챘다. 그건 어렵지 않았다. 하지만 이제 어떻게 할 것인가? 이런 병중의 환자는 자신의 경험이 질병의 증상일 수 있다고는 꿈에도 생각하지 못할 때가 많다. 따라서 환자의 마음을 움직여 약을 먹게 만드는 일이 쉽지 않다. 우리끼리 하는 말이지만 환자 입장에서 생각하면, 그는 그저 어떤 일을 우리가 매일 일상에서 겪는 것처럼 경험할 뿐이다. 그런데 왜 약을 먹어야 한단 말인가? 킬러가 날뛰는데 약이 무슨 소용이란 말인가? 그의 경험이 진실이라는 데는 추호의 의심도 있을 수 없었다. 그는 신호를 보았고, 속삭이는 목소리를 들었으며, 카페에서 남자를 보았다. 어떤 약물을 먹는다고 해도 그 사실이 달라지지는 않을 것이다.

친구는 그대로 계속 지켜보자고 마음먹었다. 그것이 지금껏 제법 잘 통하는 방법이었기 때문이다. 그는 항상 환자의 말에 가만히 귀를 기울였고, 그렇게 해서 환자의 신뢰를 듬뿍 얻었다. 그는 모든 이야기를 세세한 부분까지 경청했다. 그리고 이따금 환자에게 그가 경험한 것을 다르게 해석할 수도 있지 않느냐고 물었다. 하지만 환자는 고용 킬러의 존재를 굳게 믿었다. 그러나 이런 경우 더는 약물 권유를 미룰 수 없는 순간이 오게 마련이다. 약을 먹지 않고서는 이 병을 되돌릴 확률은 극히 낮다.

친구는 어떻게 운을 떼는 것이 좋을지 몰라 환자에게 이렇게 물었다. "끔찍한 일이에요. 그런데 이대로 계속 가면 어떻게 될 것 같아요?"

환자가 진지하게, 절망에 빠진 듯한 표정으로 그를 보았다.

"선생님, 이대로 계속 가다가는 제가 추적 망상에 걸릴 것 같아요."

한 병동에 신이 둘이라니, 그럴 수 있어?

망상은 정신의학의 증상 중에서도 매우 흥미진진한 문제 중 하나다. 그 경험이 정말 낯설고, 때로 기괴하며, 환상적일 만큼 기발한 까닭에 매력을 풍기면서도 동시에 섬뜩한 느낌을 안긴다. 따라서 망상은 추리 소설이나 공포 소설의 소재로도 많이 쓰인다. 망상 경험이 끔찍한 사건을 부르고, 그런 사건이 뉴스를 장식할 때는 현실에서도 사람들의 관심이 이 문제로 쏠린다. 하지만 책을 한 권 써도 될 정도로 광범위한 주제인 만큼 여기서는 망상 경험이 우리와 전혀 별개의 일은 아니라는 점만 언급하고 넘어가려 한다. 머릿속에서 작동하는 해당 메커니즘은 건강한 우리 모두에게도 매우 친숙하다. 하지만 건강한 경험과의 그 작은 차이가 큰 결과를 낳을 수 있다.

예전에 내가 일하던 정신병원 급성기(急性期) 병동에 매우 비슷한 망상을 품은 두 환자가 동시에 입원한 적이 있었다. 두 사람 모두 자기가 신이라고 철석같이 믿었다. 그런 망상은 아무리 환자를 설득해봤자 소용이 없고, 반증을 들이대도 별 의미가 없다. 더구나 이 경우는 반증을 제기하기도 힘들었다. 정신과 급성기 병동에서 치료를 받고 있다는 사실도 그들의 확신에 전혀 지장을 주지 않았다. 그렇게 말하면 그들은 자기 논리 안에서는 아귀가 딱딱 들어맞는 근거를 댔다. 가령 이런 식이다. "그래요, 맞아요. 세상을 구원하자니 너무 고단해서 여기서 좀 쉬려고요." 혹은 이렇게도 말했다. "나를 치료하는 건 실수예요. 하지만 이곳 의사들도 곧 신을 정신과 병동에서 치료하려는 짓이 실수였다는 걸 깨달을 겁니다." 대략 이런 종류의 대답을 늘어놓았다. 어쨌든 그들의 굳은 확신은 절대로 흔들리지 않았는데, 이것이 망상의 판단 기준 중 하나이기도 하다.

자기가 신이라고 믿는 사람을 어떻게 대해야 할까? 싸우는 것은 아무 소용이 없다. 환자는 자신이 그런 존재라고 확신한다. 그렇다고 마냥 믿게 놔두는 것도 치료에 도움이 안 된다. 그럴 때 나는 환자를 존중하려 애쓴다. 물론 여기에는 그들의 경험에 대한 존중도 포함된다. 그래서 나는 어쩌다 그렇게 믿게 되었는지, 기분은 어떤지, 신으로서 어떤 일을 할 계획인지 등등을 자세히 물어본다. 그건 별로 어려운 일이 아니다. 나는 인간이 그런 증상을 어떻게 경험하는지 늘 궁금하기 때문이다. 하지만 질문과 동시에 계속해서 나의 관점도 강조한다. 환자가 당신에게 마음을 터놓을 때는 당신도 솔직해야 공평하다. 그렇다고 다투라는 얘기는 아니다. 의견이 달라도 굳이 어느 쪽이 옳은지 담판 지으려 하지 말고, 서로 다른 의견을 그냥 있는 그대로 받아들이는 것이다. 환자에게 개입하는 것과 자신의 관점을 설명하는 것 사이에서 균형을 잘 잡아야 한다. 이런 균형은 다양한 요인에 의해 좌우된다. 가령 환자의 질병 단계에 따라서도 달라진다. 환자가 망상에 푹 빠져 있으면, 그의 경험에 관심을 보이는 것이 우선이다. 약효가 서서히 나타나기 시작할 때는—사실 망상에는 약물 치료가 꼭 필요하다—환자를 다시 현실로 돌아오게 만드는 것이 중요해진다. 이때 심리치료사가 핵심적인 지침을 제공할 수 있다.

하지만 한 병동에서 두 환자가 비슷한 망상을 품고 있다면 무슨 일이 일어날까? 내가 치료했던 그 두 환자는 자기가 신이라고 확신했다. 당연히 우리는 두 사람을 같은 방에 넣지 않았고, 둘이 병동에서 너무 자주 만나지 않도록 신경을 썼다. 어느 날 회진 때, 둘 중 한 사람이 나를 깜짝 놀라게 했다. 그는 나한 테 긴히 할 말이 있으니 간호사와 레지던트들을 내보내라고 고 집했다. 이윽고 우리만 남게 되자 그는 누구 험담을 하고 싶지 는 않지만, 앞쪽 병실에 입원한 밀러 씨가 자신이 신이라고 주 장한다는 말을 들었다고 했다. 그러곤 나더러 정신 바짝 차리라 고 경고했다. 자기가 신이라고 하는 걸 보니 밀러 씨는 틀림없 는 사기꾼이라면서 말이다. 어쨌거나 자기는 그를 부러 피한다 고도 했다.

분란이 일어날까 봐 걱정했던 우리로서는 당연히 아주 잘된 일이었다. 실제로 둘 사이에는 아무런 충돌도 일어나지 않았다.

F3 ― 정동 장애

정동 장애(情動障礙)에는 우울증과 조증이 포함되는데, 이 두 질 환은 유형이 매우 다양하다.

우울증은 평생 단 한번 걸릴 수도 있지만, 그 단계가 반복해 서 나타날 수도 있다. 따라서 이 질병을 **우울증 에피소드**(Depressive Episode) 혹은 **재발성 우울 장애**(Recurrent Depressive Disorders)라고도 부른다. 조증 역시 개별 단계로, 예컨대 **조증 에피소드**(Manic Episode)로 나타날 수 있다. 나아가 우울증 단계와 조증 단계가 반복해서 드러나는 경과도 있는데, 전체적으로 우울 단계가 조증 단계보다 더 잦다. 예전에는 이 질병을 **조울 정신병**이라고 불렀다. 요즘도 **조울**이라는 말을 쓰는 사람이 많다. 하지만 '정신병'이라는 아름답지 않은 꼬리표 탓에 공식 이름이 바뀌었다. 요즘엔 **양극성 정동 장애**라고 부른다.

이 질병에서 우울증과 조증은 실제로 '양극'과 같다. 우울증에 빠지면 주변에 관심을 잃고 기분이 축 처진다. 잠을 잘 못 이루고 입맛도 없어진다. 조증 상태에 들어가면 정확히 정반대다. 나무도 뽑아버릴 수 있을 만큼 힘이 넘치고 행복해서 미칠 것 같다. 때로는 약간 화가 나기도 한다. 만사에 속도가 붙고 잠을 안 잔다. 피곤한 줄도 모르며 의욕에 불탄다. 정말 좋을 것 같지 않은가? 바로 이것이 조증 환자를 치료할 때 생기는 문제다. 그런 멋진 상태를 왜 치료해야 한단 말인가? 환자는 보통 치료를 원치 않는다. 그러나 자세히 들여다보면 그 멋질 것만 같은 상태가 환자의 운명에—그리고 대부분은 가족의 운명에도—더할 나위 없는 재앙을 초래할 수 있다. 행복이 비판력 결핍 혹은 상실을 동반할 때가 많기 때문이다. 그는 자신의 상황을 전체적으로 바라볼 수 없다. 돈을 쓸 때도 마찬가지다.

페라리를 세 대나 구매한 판매 사원

베를린에서 근무할 때, 드러그 스토어에서 판매 사원으로 일하는 한 환자가 찾아왔다. 그는 조중 단계에서 페라리 세 대와 대형 메르세데스 한 대를 구매했다. 그리고 계약을 하면서 베를린 교통공사의 월정액 교통카드로 신분을 증명했다. 교통카드라니? 그 정도 큰 고객을 물어서 자동차 판매원이 너무너무 기뻤을 것이므로—또 어쩌면 큰돈이 눈앞에 어른거리는 바람에 판단력을 살짝 잃기도 했을 것이므로—이해가 되지 않는 것은 아니지만, 아무리 그렇다 해도 내 조중 환자의 설득력도 대단했던 것 같다. 당연히 환자의 가족은 전혀 좋아하지 않았다. 그에겐 어린 자녀가 둘이나 있었다. 형편이 넉넉한 것도 아니고, 무엇보다 페라리는 아이들에게 먹일 수 있는 음식이 아니었다. 계약을 무르기까지 사회복지사가 꽤 애를 먹었다. 다행히 월정액 교통카드 덕분에, 계약 자체가 성립되지 않는다고 자동차 대리점을 설득하기가 그리 어렵지는 않았다. 그러나 계약 해지가 항상 쉬운 것은 아니다. 나는 조중 상태에서 집을 계약한 환자도 보았고, 자기 집을 남에게 선물해버린 환자도 만났다. 여행 상품을 계약하거나 비싼 보석을 구매한 환자는 한둘이 아니다. 모두가 자신의 경제적 상황을 훨씬 웃도는 큰돈이었다.

거칠 것 없는 수줍은 여의사

그러나 비합리적인 지출, 제 무덤을 파는 지출은 일어날 법한 한 가지 사건에 불과하다. 우리 병동에 입원한 한 여자 환자는 상황이 그보다 훨씬 더 심각했다. 그녀는 의사였다. 입원하기 전에는 몰랐는데 나중에 알고 보니 매우 진지하고 매력적이고 자의식이 강한 데다 수줍음을 많은 타는 젊은 여성이었다. 하지만 조증 에피소드 동안에는 그런 수줍음이 완전히 사라졌다. 그녀의 경우는 판단력 상실이 사회적 거리의 상실로 나타났다. 그 환자가 우리 병원에 온 이유는 해 질 녘에 철로 변으로 걸어가서 거기 있는 몇몇 시커먼 남자들한테 대놓고 신체를 노출했기 때문이다. 남자들이 오래 망설였을 리 없었다. 그런데 입원하기 위해 신체검사를 받으려고 소파에 누워 있던 그녀가 느닷없이 자기 옷을 찢으며 나에게 몸을 밀착하기 시작했다. 나는 얼른 도망쳤고, 간호사에게 부탁해서 함께 검사실로 들어갔다. 나중에 생각해보니 애당초 나 혼자 검사실에 들어가는 게 아니었다. 하지만 누가 그런 일을 예상했겠는가? 환자는 채 2주도 지나지 않아 판단력을 상실한 조증 상태에서 벗어났다. 하지만 그 후로도 면목이 없는지 나를 볼 때마다 어쩔 줄 몰라 했다. 검사실에서 했던 행동도 그렇지만 무엇보다 우리 병원으로 오게 된 그 사건이 극도로 부끄러웠을 것이다. 검사실 사건 직후 병동의 여성 동료 의사가 대신 그 환자를 맡아주겠다고 해서 나는 안도했다. 다행히 그녀는 철로 변 사건으로 임신하지도 성병이 옮지도 않았다. 그러나 나중에 비슷한 증상으로 만난 다른 여성들이 모두 그런 행운을 누린 것은 아니다.

조증 때문에 벌어지는 재미난 일도 많다. 어떤 환자가 대형 요트를 선물하겠다면서 나를 미국 호화 여행에 초대했다. 그런 말을 들을 때는 터져나오려는 웃음을 꾹 참아야 한다. 환자는 말도 안 될 정도로 평소의 인성에서 멀어진 상태다. 요컨대 스스로에게서 소외된 상태다. 그만큼 조증은 끔찍한 질병이다. 급성 단계는 약물로 치료가 상당히 잘되며 대부분은 입원이 필요하다. 양극성 장애의 경우에는 에피소드가 없는 건강한 단계에서 약물을 잘 복용하면 새로운 에피소드가 나타날 확률을 줄일 수 있다.

조증 예술가

가벼운 조증 환자를 상담하고 치료하는 데는 특별한 어려움이 있다. 위에서 소개한 사례는 심각한 조증 단계를 경험한 사람들의 이야기였다. 그런 단계에서는 판단력이 크게 줄고 동시에 실수 빈도가 늘어난다. 그동안 익힌 기술을 완벽하게 활용하지 못하고, 예술가에게 필요한 '성공'과 '실패'의 판단도 사라진다. 그래서 흔히 말하는 **조증 예술가**는 사실상 존재하지 않는다. 하지만 조증에도 가벼운 상태가 있는데, 그것을 **경조증**(Hypomania)이라고 부른다. 경조증은 정말로 기분이 좋은 상태다. 판단력이 떨어지지 않은 상태에서 창의력이 커진다. 평소보다 에너지가 솟구치고 잠을 덜 자도 피곤하지 않다. 쉽게 지치지 않고 사고와 행동의 속도가 빨라진다. 그 상태를 한 번이라도 경험해본 환자는 너무나 좋아서 영원히 머물고 싶다고 말한다. 마약 없이도 취한 상태와 같으니 말이다.

따라서 환자에게 치료를 설득하기가 힘들다. 특히 예술가들은 더욱 그렇다. 약을 왜 먹겠는가? 사실상 치료의 실질적 이유는 딱 한 가지뿐이다. 상대적으로 통제 가능한 이런 경조증 상태가 안정적으로 유지되지 못할 위험성 때문이다. 경조증은 진짜 조증으로 발전할 수 있고, 그러면 더는 유쾌하지가 않다. 하지만 그보다 환자들에게 더 먹히는 치료 이유는 경조증에 이어 우울증이 뒤따를 수 있다는 점이다. 우울증은 누구에게나 끔찍한 경험이지만 한 번 경조증이나 조증을 경험한 사람에게는 우울증이 상상할 수 있는 최악의 상태다. 그래서 무슨 일이 있어도 우울증만은 피하고자 한다. 치료를 받으면 경조증이 나타날 확률도 떨어지는데, 이를 감수할지 여부는 상황별로 판단해야 한다.

따분하게 들릴지 몰라도 건강은 그 중간에 있다. 따라서 양극성 장애 환자의 치료 목적은 비교적 안정적으로 중간 영역을 벗어나지 않도록 하는 것이다. 물론 중간 영역도 일정한 폭이 있어야 하겠지만, 어쨌든 극단은 좋지 않다. 더구나 양 끝은 말할 나위가 없다. 우울증일 때는 경험과 행동 능력이 떨어져 세상이 온통 잿빛이고, 조증일 때는 경험과 행동에 대한 통제력이 상실되므로 세상이 온통 잿빛이다. 그래서 나의 동료 베른트 아렌스 (Bernd Ahrens)는 우리가 나아가야 할 '다채로운 중간 지대'라는 표현을 쓰기도 했다. 물론 앞에서 언급했듯 여기서도 경계선을 어디서 긋느냐의 문제는 당연히 존재한다.

지옥의 고리

우울증에 대한 이야기라면 100가지도 더 들려줄 수 있다. 우울증은 그만큼 흔한 질병이다. 하지만 환자들의 이야기가 그리 재미있지는 않다. 이야기들은 하나같이 상당히 단조롭고, 이는 중증 우울증의 매우 심각한 증상 중 하나를 시사하기도 한다. 바로 단조로운 비인격화가 일어나는 것이다. 온 세상이 얼어붙은 것만 같고, 마음이 공허하고, 주변에서 벌어지는 일에 아무런 관심도 없다. 무언가를 도모할 기력도 남아 있지 않고, 심지어 중요한 일을 할 의욕마저 사라진다. 환자는 이 같은 상태를 이런저런 말로 설명하지만, 사실은 표현할 말이 없다는 점을 주기적으로 지적한다. '우울하다' '의욕이 없다' 등 우리가 흔히 쓰는 말은 일상에서 빌려온 것이다. 다들 그 상태를 경험해봤을 테고, 그것만으로도 절대 유쾌하지가 않다. 하지만 중증 우울증의 상태는 감정과 관심과 의욕이 완전히 사라진다는 게 특징이다. "적어도 제대로 슬퍼할 수만 있다면 다시 감정을 느끼는 것일 테니 발전한 것이지요." 우울증 환자에게서 자주 듣는 말이다.

당연히 주변 사람들이 이해할 수 없다는 반응을 보이는 경우가 드물지 않다. "정신 좀 차려." "노력해보자. 우리가 함께 할 수 있을 거야." 선의에서 나온 말이겠지만 우울증에는 아무런 도움이 안 된다. 그런 건 환자도 벌써 다 해봤다. 이미 우울증이 왔다면 이런 노력은 아무 소용이 없다. 그래서 나의 동료 브리기테 보곤(Brigitte Woggon)은 우울증에 관한 자신의 책 제목을 《나는 의지를 가질 수 없어!(Ich kann nicht wollen!)》라고 붙였다. 우울증의 상태를 상당히 정확하게 표현한 말이다.

혹시 단테의 《신곡》을 읽었는가? 세계 문학이지만 상당히 두꺼운 데다 운문이어서 읽기가 쉽지 않다. 고백하자면 나도 얼마 전에야 겨우 읽었다. 하지만 교양 넘치는 친구는 됐다가 어디에 쓰겠는가? 내 친구 중 한 명이 흥미로운 부분을 짚어주었다. 1부는 제목이 '지옥'이고, 제목처럼 지옥을 통과하는 과정을 다룬다. 그곳에선 우리가 흔히 상상하는 일들이 일어난다. 핵심으로 다가갈수록 더 잔혹하고 더 뜨거워진다. 하지만 천재답게도 단테는 지옥의 제일 안쪽 고리는 차갑다고 적었다. 얼음처럼 차갑다고 말이다. 나는 늘 중증 우울증을 그렇게 상상한다. 감정도 힘도 없이 꽁꽁 얼어붙은 지옥이라고 말이다.

F4 — 불안 장애, 강박 장애, 스트레스 장애

ICD-10의 F4는 원래 제목이 '신경증성, 스트레스-연관 및 신체형 장애'다. 하지만 요즘엔 신경증이 무엇인지 정확히 알기가 힘들다. 의견이 너무나 분분하다 보니 ICD 역시 이 개념을 피하라고 권고하는데, 그러면서도 정작 자기들은 제목에 '신경증'을 올리다니 참 얄궂다. 그래서 나는 이번 단락에서 다루는 주요 질환의 이름을 불안 장애, 강박 장애라고 부른다. 이는 특별한 외부 스트레스 이후에 나타나는 장애다.

　강박 행동은 불안과 비슷하게 우리의 일상 경험과 상당히 가깝다. 망상이나 환각처럼 먼 나라 이야기가 아니다. 그래서 일상에서도 걸핏하면 강박 행동이라는 말을 입에 올리고, 매사에 아주 꼼꼼해서 그냥 넘어가지 못하는 동료를 보면 **강박증 환자**라고 놀린다. 길에서 금을 밟으면 나쁜 일이 생길까 봐 어떻게든 금을 안 밟으려고 애쓰는 아이들도 자주 만난다.

그러나 정신 질환으로 진단하는 강박 장애는 그보다 조금 더 심각하며, 정의도 더 자세하다. 일반인이 보기에 가장 눈에 띄는 판단 기준은 반복 행동이다. 계속해서 손을 씻거나 문이 잠겼는지, 가스 밸브를 잠갔는지 반복해서 확인한다. 하지만 당연히 이 기준으로는 충분하지 않다. 매일 출근한다고 해서 그 사람을 강박증 노동자라고 하지는 않는다. 매일 악기 연습을 한다고 해서 음악가에게 강박 장애 진단을 내리지도 않는다.

강박 장애는 첫째, 반복적으로 나타나는 생각이나 행동이다. 둘째, 그 생각이나 행동이 환자에게 명령조로 강요한다, 셋째, 그 강요는 자신에게서 비롯된 것(즉, 외부에서 강요하지 않은 것)이다. 넷째, 그것이 얼마나 터무니없고 과도한지 스스로도 잘 안다. 다섯째, 그래서 최대한 저항하지만(멈추려고 노력하지만) 소용이 없다. 여섯째, 결국 피할 수 없고 무력하다는 기분을, 다시 말해 고통을 느낀다. 이 여섯 가지 기준을 하나도 빠짐없이 충족해야 한다. 강박 장애는 불안 장애와의 관련성이 뚜렷할 때가 많다. 의례화된 강박적 행동은 불안을 억누르는 데 이바지한다. (성공하면 나쁜 일이 일어나지 않는다는 기분이 중요하다.)

한 여성의 숫자 강박과 청소 강박

1992년 미국의 정신과 의사 월터 잭슨 프리먼(Walter Jackson Freeman)이 자신의 여성 환자 한 사람을 소개했다. 숫자 강박과 청소 강박을 함께 앓아서 힘들어하는 여성이었다. 그는 이 환자가 강박적으로 실행에 옮기는 여러 행동을 정확히 관찰해 기록했다. 무엇보다 환자는 17부터 42까지를 셌다. 두 숫자 모두 그녀에게 특별한 의미가 있었다. 그녀가 생각하기에 자기는 17세 때부터 만사가 잘 풀렸다. 그리고 42세가 되면 인생에서 가장 중요한 일들을 다 이룰 것이라 확신했고, 그러면 숫자 세기도 그만둘 수 있을 것이라 믿었다. 이 의식을 치르다 실수하면, 가령 숫자가 틀리면 그 실수를 바로잡고 처음부터 다시 시작했다. 그녀의 강박 의식은 숫자 세기 말고도 정해진 패턴에 따라 '수도꼭지 틀었다 잠그기'와 '수도꼭지 닦기'가 있었다.

한번은 수도꼭지를 잠갔다 튼 후에 19까지 세었다. 하지만 실수를 했다. 19를 세기 전에 수도꼭지 청소를 마쳐야 했기 때문이다. 그래서 처음부터 다시 시작했고, 그런 식으로 의식은 계속되었다. 의식을 마치기까지, 그러니까 실수 없이 42에 도달하기까지 무려 4시간이 걸린 적도 있고, 일진이 나쁜 날은 4시간 걸리는 의식을 하루 세 차례나 반복한 적도 있었다. 12시간이나 그랬으니 다른 일은 하나도 할 수 없었다. 이 사례만 보아도 알 수 있듯 강박 장애는 중증 장애로 발전할 수 있다. 중증 강박 장애의 표준 치료법은 행동 치료와 항우울제 복용이다.

F5—생리적 장애 및 신체적 요인을 수반한 행동 증후군

F5에는 신체 기능(식사, 수면, 성생활)과 관련된 여러 질병을 모아놓았다. 신경성 식욕 부진증(Anorexia Nervosa), 비만, 거식증을 동반한 식이 장애가 여기에 속한다. 몽유병, 야경증(Pavor Nocturnus), 반복되는 악몽 같은 특수한 수면 장애도 포함된다. 성생활 장애의 경우에는 위에서 설명한 대로 성적 지향이 아니라 오르가슴 장애, 성교 시 통증〔질경련(Vaginism)〕 같은 기능 장애가 여기에 해당한다. 질병을 진단하는 네 가지 기준 중 하나는 환자가 성관계를 자신이 원하는 방식으로 할 수 없다는 것이다. 요컨대 장애만 질병인 게 아니라 그 장애로 인한 고통도 질

병이다.

왜 이런 장애를 정신과에서 다룰까? 의아할 수도 있지만, 이런 장애는 신체 과정과 심리 과정의 상호 작용인 경우가 많다. 그러니까 말 그대로 심신성 질환인 것이다.

F6 ― 인격 장애

요즘에는 인격 장애 진단이 과하다 싶을 정도로 흔하다. 인격 장애와 어떤 측면을 강하게 표출하는 '성격적 특성'을 헷갈리는 사람이 많기 때문이다. 후자는 매우 흔하지만, 전자는 드물다. 다들 주변에 약간 이상하고 괴팍스럽고 별나다 싶은 사람이 있을 것이다. 그런 사람들을 우리는 괴짜 또는 '또라이'라고 부른다. 결벽이 심한 사람이 있는가 하면, 무엇이든 남에게 물어보고 남이 시키는 대로 하는 사람이 있다. 너무 소심하고 겁이 많은 사람이 있는가 하면, 세상 그 무엇도 못 믿는 사람이 있다. 당신 이야기라고? 아니면 주변에 그런 사람이 있다고? 걱정할 필요 없다. 대부분은 질병이 아니라 두드러지는, 아마 좀 눈에 띄는 성격적 특성이니 말이다. 진단 매뉴얼 ICD가 정한 인격 장애 진단을 내리자면, 인격 장애의 각 특수 유형을 구분하기에 앞서 아래의 진입 기준(Entry Criteria) 전체를 충족해야 한다.

1. 그 사람의 특징적이고 지속적인 내적 경험과 행동 패턴이 문
   화적으로 기대 및 용인되는 기준(규범)과 전체적으로 명확히
   차이가 있다. 이런 차이가 인지, 정서, 충동 조절, 욕구 충족,
   타인과 관계 맺는 방식 중 한 가지 이상에서 나타난다.
2. 차이가 너무 심해서 그로 인한 행동이 많은 개인적·사회적
   상황에서 유연하지 못하고 적절하지 못하며, 다른 방식으로도
   합목적적이지 않다.
3. 해당 행동으로 인해 개인에게 고통이 발생하거나 사회적 환경
   에 부정적 영향을 미친다.
4. 차이가 입증된 그대로 안정적이고 오래 지속되고 아동기 후반
   이나 청소년기에 이미 시작되었다.
5. 차이를 다른 정신 장애의 존재나 결과로 설명할 수 없다.
6. 두뇌의 기질적 질환, 부상이나 명확한 기능 장애가 차이의 원
   인이 아니라는 사실이 명백하다.

이 모든 기준을 충족해야만 인격 장애로 진단을 내릴 수 있다.
약간 괴팍한 정도로는 명함도 내밀 수 없다.

극적인 사연밖에 없다

이제 당신은 다양한 정신 질환의 한 단면을 살짝 들여다보았다. 그리고 나는 이 책을 시작하며 세웠던 목표를 완전히 빗나갔다. 애당초 나는 가벼운 책을 쓰고 싶었다. 정신의학에 대한 두려움을 덜어주고 싶었고, 정신의학이 다른 의학 분과들과 크게 다르지 않다는 사실을 알려주고 싶었다. 그래 놓고는 온갖 드라마 같은 사례만 나열하다니!

거기에는 내 책임이 아니었으면 싶은 두 가지 이유가 있다. 첫째, 기억은 그렇게 작동하기 때문이다. 특이하고 극적인 것이 일상적인 것보다 훨씬 기억에 잘 남는다. 지금껏 내가 소개한 환자들의 사례야말로 일상적인 것이 아니다. 나는 지금도 그들의 모습이 어제 만난 것처럼 생생하다. 일상은 더 평범하기는 해도 훨씬 더 빈번하다. 그게 바로 일상이다.

둘째, 내 직업과 관련해 만나는 사람마다 물어보는 질문을 다루고 싶었기 때문이다. 사람들은 극적인 것을 묻지, 일상적인 것을 궁금해하지 않는 법이다.

그러나 다시 한번 강조하지만, 당신이 심리 질환을 앓고 있거나 주변의 누군가가 그렇다면 증상이 가벼워 치료가 잘될 확률이 높다. 그러니 언젠가는 정신과 의사를 더는 보지 않아도 될 것이다. 이유는 너무나 단순하다. 다시 건강해졌으니까.

앞에서 온갖 특이한 사례를 소개했어도 이제는 정신의학에 대한 편견이 조금 줄었기를 기대한다. 어쨌거나 정신과를 찾아가면 어떤 일이 벌어질지 조금 더 잘 알게 되었을 테니 말이다. 그러면 정신과에서는 어떤 도움을 제공하는지, 정신과에서는 도대체 어떤 일이 생기는지 살펴보기로 하자.

정신병원에 온 환자

한번 정신병은 영원한 정신병?

정신과나 정신 질환 이야기를 하다 보면, 제일 많이 듣는 말 중 하나가 이것이다. "완치는 안 되잖아." 환자 자신도, 가족도 주기적으로 물어본다. "어떻게 될까요?" "증상이 완화되거나 아예 사라질 가능성이 얼마나 될까요?" 충분히 이해할 수 있는 질문이다. 몸이 아플 때도 우리는 의사에게 이런 질문을 던지니 말이다. 특히 정신 질환일 때는 질문에 걱정이 한가득 실린다. 다시 예전처럼 건강해질까? 의사들은 보통 그런 질문을 받으면 예후가 힘들고 병의 경과가 매우 다양할 수 있다고 대답할 것이다.

하지만 그러면서도 환자가 의지할 수 있는 근거를, 조심스러운 예측을 던져줄 것이다.

그런데 왜 정신과에서는 그런 예후의 무게가 홍역일 때와는 다른 것일까? 우리가 그런 식의 질문을 아무런 편견 없이 던지는 경우는 거의 없기 때문이다. 홍역의 예후를 물을 때, 우리는 보통 홍역이 대부분 후유증 적고 유병 기간을 며칠 혹은 몇 주로 예상한다는 사실을 알고 있다. 그러니까 우리가 던지고 싶은 질문은 정확히 이것이다. 며칠이면 병이 싹 나을까? 아니면 몇 주씩 안 낫고 질질 끌 것인가? 좀 불안할 때는 합병증의 종류와 그 가능성도 물어볼 것이다. 합병증은 드물고 적어도 자신은 걸리지 않을 거라고 기대하지만, 전문가에게서 확답을 들으면 안심이 되는 법이다. 홍역에 걸려 죽을 수도 있다는 사실은 그냥 무시한다. 그렇게 드문 일이 자신에게는 일어나지 않을 테니 말이다.

그러나 정신과에서는 예후를 물을 때 여전히 다른 선입견, 즉 다른 기대를 품는다. 정신과의 이미지가 지난 몇 년간 많이 바뀌었지만, 낡은 선입견의 찌꺼기는 여전히 널리 퍼져 있다. 그 이미지는 정신병원(예전에는 **시설**이라고 불렸다)에 만성 질환으로 장기 입원한 환자가 많던 시절에 만들어진 것이다. 주로 조현병 환자들이었다. 게다가 당시에는 아직 좋은 치료법이 없었다. 따라서 사람들은 이런 인상을 받았다. **치료가 불가능하다. 한번 정신병에 걸리면 영원히 낫지 않는다.** 물론 이는 그 시절에도 다 옳은 말은 아니었다. 그때도 후유증 없이 깔끔하게 완치된 사람들이 있었다. 그러나 많은 이가 오랜 시간 병원에서 지냈다. 실제로 얼마 전까지만 해도 그런 선입견은 사실이었다.

만성기 병동과 탈병원화 프로그램

나는 1990년에 바젤 대학병원 정신과의 '급성기 병동'과 '만성기 병동' 과장으로 부임했다. 급성기 병동은 정신이 없다. 온갖 환자가 실려 오다 보니 희소 질환도 적지 않고, 덕분에 정신의학 지식을 많이 쌓을 수 있었다. 만성기 병동은 훨씬 조용해서, 그곳 근무를 따분해하는 동료도 많았다. 하지만 급성기 병동과는 다른 지식을 얻을 수 있었다.

만성기 병동은 2개의 건물로 나뉘어 있었는데 한 곳은 남성 병동, 다른 곳은 여성 병동이었다. 나는 남성 병동을 담당했다. 최장기 입원 환자는 40년 전에 이곳에 들어왔다. 그런 경우에는 실제로 '한번 정신병은 영원한 정신병'이라는 말이 무색하지 않다. 환자들은 함께 밥을 먹고 함께 카드놀이를 하며, 2인실 혹은 4인실에서 함께 잠을 잤다. 사실상 셰어 하우스랑 비슷했다. 이따금 불상사가 일어나기도 했다. 보통은 셰어 하우스에서 흔한 일상적인 갈등이지만, 가끔 개별 환자의 병증이 도질 때도 있었다. 사실 그것이 병동에 의사가 필요한 유일한 이유이기도 했다. 의사는 약물을 조절하고 처방을 새로 내리거나 약을 잘 먹도록 의욕을 북돋아주었다. 때로 병증이 자살 충동이나 공격성 형태를 띨 수 있으므로 해당 환자나 다른 환자가 위험할 수도 있었다. 그러므로 이런 변화를 얼른 알아차려 최대한 빨리 치료해야 했다. 필요할 때는 급성기 병동으로 이송하기도 했지만 자주 있는 일은 아니고, 대부분의 환자는 아주 순하게 잘 어울려 지냈다. 엄밀하게 말하면 그들은 환자가 아니었다. 그저 정신 질환이 만성화되어 이따금 약간의 추가 돌봄이 필요한 사람들이었을 뿐이다.

나는 그곳이 좋았다. 급성기 병동보다 할 일이 적어서가 아니라, 교과서에 없는 내용을 많이 배울 수 있었기 때문이다. 만성 조현병 환자들이 자기 질병을 어떻게 대하는지, 대체로 긍정적인 그들의 세계관은 어떻게 형성된 것인지, 그들이 자신의 결점에 어떻게 익숙해지는지 등 그곳에서 많은 것을 목격했다. 관심의 초점을 더는 증상과 기능 장애에만 맞추지 않자, 때로 매우 독창적인 관점이 눈에 들어왔다. 그중에는 괴상한 의견도 많았지만 나름 현명한 의견도 적지 않았다. 나는 환자들의 이야기를 듣는 것이 좋았다. 그들한테서 스위스 카드놀이 야센(Jassen)도 배웠다. 병동 바깥의 사람들보다 오히려 환자들의 마음 씀씀이가 더 넓은 것도 놀라웠다. 누군가에게 위기가 찾아오면 그들은 그냥 이렇게만 말했다. "우르스가 또 돌았어." 누구에게나 짊어져야 할 각자의 짐이 있다는 걸 모르는 사람이 없었다. 그래도 한계는 있었다. 특히 누군가 소란을 피우거나 공격해서 자기 생활에 손해가 생길 때는 참지 않았다. 그래서 싸움도 몇 차례 벌어졌다. 그럼에도 그들은 소란을 피운 당사자가 질병 때문에 다른 여지가 없었다는 사실을 잊지 않았다. 세련되고 능숙한 갈등 해결 능력은 없어도, 지극히 평범한 셰어 하우스 중에도 병동과 크게 다르지 않은 곳이 얼마나 많은가. 병동에선 대체로 모두가 평범하게 잘 어울려 살았다.

하지만 급성기 병동이 만성기 병동을 밀어내면서 심각한 문제가 발생하기 시작했다. 이 문제는 훗날 취리히 대학의 정신병원 부르크횔츨리에서 더욱 뚜렷한 양상을 띠었다. 그곳에서 만성기 병동을 다른 모든 병동, 즉 급성기 병동, 특정 질병을 치료하는 특수 병동과 함께 같은 건물에다 집어넣은 것이다. 만성 질환 때문에 이따금 약간 이상한 행동을 하기는 해도 진짜로 병이 든 것은 아닌 사람들이 적절한 생활 환경을 자꾸만 잃어갔다. 이는 스위스만의 현상이 아니었다. 중부 유럽 전체가 그랬다. 그 이후 어디를 가나 이른바 **탈병원화** 과정이 이뤄졌다. 급성기 병동에서 멀찍이 떨어진 장소에 환자들에게 더 유익한, 어쩌면 더 가족적인 환경을 조성하기 시작했다. 환자들은 급성기 병동의 분위기를 풍기지 않는 해당 시설로 옮겼다. 이런 변화에는 사회 정신의학자들의 적극적 참여가 큰 역할을 했다. 그런 변화가 경제적 압박 탓이라고 주장하는 독설가들이 적지 않았고, 지금도 일부에서는 그렇게 생각하지만, 사실은 그렇지 않다. 또 지금 와서 돌이켜봐도 그런 변화가 거의 모든 환자에게 긍정적으로 작용했다는 점을 언급하지 않을 수 없다. 내가 접촉한 환자 중에도 불안한 병동보다 병원 바깥, 즉 조금 더 평범한 환경에서 마음이 더 편하다는 사람이 많았다.

요즘은 오히려 만성 조현병을 예외적인 현상으로 이해하는 경향이 많다. 만성 조현병을 앓아도 병원에 입원하지 않고 가족적인 분위기를 갖춘 시설에서 치료를 받는다. '한번 정신병은 영원한 정신병'이라는 생각도 설 자리를 잃었다. 정신 병동의 평균 입원 기간이 스위스는 약 25일, 독일은 훨씬 더 짧다. 물론 맹장염이나 출산과 비교하면 여전히 긴 시간이지만, 환자가 1년 혹은 그 이상을 정신병원에서 지내는 경우는 극히 드물다. 입원 기간을 한 달만 넘겨도 환자의 명확한 동의가 필요하다. 환자의 의

사를 무시한 장기 입원은—환자가 범행을 저질러—법원이 특수
시설 입원을 명하는 경우가 아닌 한 불가능하다. 그러니 겁내지
마라. 들어가도 금방 퇴원할 테니 말이다. 요즘은 정신병원 입원
이 수술, 당뇨병 합병증 관리, 투석 등 지극히 평범한 이유로 병
원에 입원하는 것과 전혀 다르지 않다.

나을 수 있다!

대부분의 환자는 상대적으로 짧은 기간만 정신병원에 머문다.
그리고 정신과 질환은 충분히 나을 수 있다! 정신과 치료의 성
공률은 높다. 환자 다수가 한 번 입원하고 나면 재입원 치료가
필요하지 않다. 그러나 정신 질환 중에도 단계별로 혹은 에피소
드별로 반복해서 재발하는 몇 가지 질병이 있다. 재발성 우울증,
양극성 정동 장애, 조현병이 대표적이다. 또 다 나은 후에 재발
할 수 있는 질병도 있다. 가령 중독 질환이 그러하다. 하지만 신
체 질병 역시 그런 경우가 적지 않다. 류머티즘, 당뇨병, 다발성
경화증만 생각해봐도 그렇다.

　게다가 정신 질환을 앓는 환자 대부분은 입원이 필요하지
않다. 외래 진료만 받아도 보통은 잘 낫는다. 설령 입원한다고

해도 대체로 1회에 그친다. 그 후에는 아예 재발하지 않거나 재발해도 외래 진료만으로 충분하다. 여기까지는 좋은 소식이다. 이제부터는 안타깝지만 나쁜 소식이 따라온다.

정신병은 드물다 — 나는 안 걸린다

위의 두 문장은 둘 다 심각한 오류다. 그러나 유익한 기능을 하는 오류다. 사실 많은 오류가 유익한 기능을 한다. 더구나 이 두 가지 오류처럼 오래오래 살아남는다면 말이다. 위의 두 문장이 발휘하는 유익한 기능은 안전하다는 기분이다. 안전하면 살기가 편하다. 앞으로 무슨 일이 일어날지 몰라 노심초사하지 않아도 된다. 그러니 계속해서 아무것도 모른 채로 마음 편히 살고 싶다면, 이번 단락은 제목만 읽고 그냥 건너뛰어도 좋다.

건너뛰지 않는 용감한 독자들을 위해 여기서 나는 몇 가지 수치와 사실을 제공할 것이다. 그 수치와 사실은 나쁜 소식이기도 하다.

나는 제자들에게 무미건조한 수치를 알려준 후 그 전체를 구체적으로 상상해보라고 주문하곤 한다. 그러니 곧장 구체적인 비유로 시작해보자. 당신이 사는 주택 단지의 주민이 100명이라고 치자. (100은 백분율 때문에도 실용적이지만, 현실적으로도 대체로 맞는 수치다.) 그중 4분의 1은 살면서 한번은 치료가 필요한 우울증에 걸린다. 그러니까 25명의 이웃이 그렇다는 얘기다. 당신은 누가 여기에 해당할지 혼자 상상해본다. 어쨌거나 주택 단지 주민의 3퍼센트는 현재 우울증을 앓고 있다. 여기서부터 벌써 문제가 심각해지기 시작한다. 누군지는 잘 모르겠지만 어쨌든 3명의 이웃이 우울증을 앓고 있고, 그중 약 15퍼센트가 자살을 한다. 즉, 살면서 한번은 우울증에 걸릴 25명의 이웃 가운데 서너 명이 자살하는 것이다. 머릿속으로 이런 생각을 거듭하면, 이 수치가 덜 추상적으로 느껴진다. 100명의 이웃 중 서너 명이 통계적으로 언젠가 자살한다는 얘기니 말이다.

그러나 이는 우울증에만 해당하는 수치다. 최근에 실시한 대규모 실험 연구는 유럽 여러 국가의 국민이 살다가 언젠가 한번 정신 장애에 걸릴 확률을 조사했다. 놀랍게도 그 수치가 거의 50퍼센트에 육박했다. 요컨대 유럽인의 절반 정도가 한번은 정신 장애를 앓는다는 뜻이다. 연구를 진행한 학자들도 이 수치를 보고 깜짝 놀랐다. 그래서 자신들이 기준을 너무 낮게 정한 것은 절대 아니라고 거듭 강조했다. 어디가 조금 아프다, 조금 슬프다, 일이 조금 버겁다고 하소연한다고 해서 무조건 장애 범주에 끌어다 넣은 것이 아니라, 정신과 치료와 심리 치료가 필요한 장애만 포함한 것이라고 말이다.

여기까지 읽고도 놀라지 않는 독자들은 이제 깨달았을 것이다. 정신 질환은 드물지 않다. 동전을 던져 앞이나 뒤가 나올 확률만큼 당신을 찾아올 수 있다.

외래냐, 입원이냐

앞에서 언급했듯 요즘은 정신과도 입원보다 외래 진료를 받는 환자가 훨씬 더 많다. 입원해야 하는 경우는 정신과 환자의 약 10퍼센트에 불과하다. 물론 입원 치료는 환자에게 몇 가지 장점이 있다. 그 이유 중 하나가 오랜 외래 진료에도 진전이 없을 때인데, 입원하면 더 다양하고 집중적인 치료를 받을 수 있다.

질병의 증상 자체에 입원 이유가 있는 경우도 있다. 공격성을 보여 타인을 위협하거나 자신 또는 세상을 바라보는 시각이 바뀌어 자살하려고 한다면, 환자 자신은 물론이고 주변 사람들을 보호하는 차원에서 명백히 입원 치료를 해야 옳다.

마지막으로, 한 번쯤 기존 환경에서 완전히 벗어나 보는 것도 환자에게 득이 된다. 직장은 물론 부담스러운 가족이나 배우자와 떨어져 지내고 나서야 차분하게 자신과 자신의 문제를 고민하는 환자가 많다. 복잡한 동반 신체 질환도 입원의 한 가지 이유다. 병으로 인해 돌봄이 필요한 환자에게도 자주 입원을 권장한다.

등나무 공예품 만들기

정신병원의 모습을 담은 옛 사진, 특히 20세기 초반의 사진을 보면 농사를 짓는 광경이 많다. 당시만 해도 환자들이 들판으로 나가서 수확을 돕거나 가축을 돌보았다. 그러니 불과 얼마 되지 않은 시간 동안 병동 풍경이 완전히 바뀌었다는 사실이 실로 놀랍다. 요즘 사람들은 아마 당시의 책임자들을 비난할 것이다. 기아 상태의 임금을 주고 환자들을 착취하며 자기들 농사일에 부려먹었다고 말이다. 그러나 앞에서도 언급했듯 과거를 평가할 때는 신중해야 한다. 내가 정신과 의사로 일을 시작할 당시만 해도 이미 환자들은 농사일을 하지 않았다. 하지만 입원해 있는 동안 가게의 작은 일을 맡기거나 다른 의미 있는 일을 시키면 늘 기뻐했다. 어쨌거나 환자들은 늘 그런 일을 매우 반겼다. 누군가에게 소용이 되며 어떤 분야의 책임을 맡는 것. 그 모든 게 치료에 도움을 주고 환자들도 좋아했다. 요즘은 입원 기간이 짧아져

서 거의 불가능한 데다 경제적 이유로 그런 일자리가 점점 줄어
들고 있다.

옛날 정신병원 사진을 보면 환자들이 등나무로 바구니를 짜
는 모습도 심심치 않게 나온다. 그래서 작업 요법(Ergotherapy)에
참여하라는 권유를 받으면 지금도 많은 환자가 그런 장면을 떠
올린다. 한번은 중증 우울증에 걸린 보험 회사 경영자를 치료한
적이 있다. 그에게 작업 요법을 권했더니 넋 나간 표정으로 나를
쳐다보면서 말했다. "저더러 만들기 수업을 들으라는 겁니까?"
한번 참석이라도 해보라고 설득하기까지 정말로 큰 노력이 필요
했다. 그래도 마지막에는 작업 요법이 회복에 큰 도움이 되었노
라는 그의 고백을 들을 수 있었다. 당시 그는 자신에게서 창의적
인 면모를 발견했고, 퇴원 후에도 여가가 날 때마다 나무와 돌로
뭔가를 만들고 그림을 그렸다. 그런 창의적 활동이 입원 기간에
는 의욕과 자신감을 되돌려주었고, 퇴원 후에는 자기 직업의 부
족한 점을 잘 메워주었다. 어쨌든 그는 등나무 공예를 해보지는
못했다. 어떤 치료가 모두에게 똑같이 적합한 것은 아니다. 그러
니 병원마다 다양한 치료법을 제공할 수 있다면 참 좋을 것이다.

현대의 치료 서비스

요즘은 모든 정신병원이 다양한 치료 서비스를 제공한다. 요가와 창의적 치료, 물리 치료와 운동 치료부터 음악 치료와 춤 치료에 이르기까지 그 종류가 실로 다양하다. 나아가 마사지와 긴장 완화 코스는 물론 개인 및 그룹 심리 치료, 간병 전문 인력을 통한 일상 지원 돌봄 서비스까지 제공하는 곳도 많다. 사회적 문제는 거의 모든 병원에서 사회복지사의 협력을 받아 치료받을 수 있다. 수영장과 헬스장을 갖춘 병원도 더러 있다.

그러나 병원을 체험 휴가나 평생교육원 정도로 생각한다면 오산이다. 병원은 재미있는 활동에 최대한 집중하며 시간을 보내는 곳이 아니다. 보통은 치료 초기에 환자와 치료사가 함께 일주일 계획을 짠다. 이때는 어떤 치료들이 회복에 유익할지가 선택 기준이다. 꼭 재미있어야 할 필요는 없다. 환자가 치료에 참여하는 것 자체를 버거워해서 애를 써야 할 때도 많다. 환자가 질병의 증상과 싸우고 자신에 관해 새로운 깨달음을 얻는 것이 중요한데, 그게 상당히 힘들 수 있다. 주간 계획은 매주 초에 조정한다. 치료 틈틈이 휴식 시간을 집어넣는 것도 꼭 필요하다. 퇴원 후 많은 환자가 다른 환자들과의 대화에서 큰 도움을 받았다고 말한다. 이 부분은 계획이 불가능하므로 예전에는 거의 주목하지 않았다. 그러나 여러 환자와 주고받는 경험이 매우 효과적인 치료 요인일 수 있다는 것은 이미 밝혀진 사실이다. 자조(自助) 집단의 효과도 여기에 있다. 요즘은 이 방법을 '환경 치료'라는 이름으로 입원할 때부터 고려한다.

읽다 보니 웰빙이라기보다는 일에 더 가깝게 들린다고? 사실이 그렇다. 또한 그런 방법이 도를 넘을 수 있다는 것도 나는 경험으로 알고 있다. 나는 예전에 내 상사와 함께 특수 병동 환자들이 받는 표적 치료 시간을 계산해본 적이 있다. 당시 총 치료 시간이 우리 근무 시간보다 많아서 약간 놀랐다. 분명 의도는 좋았지만 의욕이 과했던 것이다. 치료는 효과를 낼 수 있어야 한다. 치료에는 환자가 고민하고 받아들일 시간이 반드시 필요하다. 그런데 요즘은 평균 입원 기간이 워낙 짧다 보니 그럴 시간이 부족하다. 3~4주는 매뉴얼에 있는 단기 심리 치료 프로그램을 마치는 데에도 급급한 시간이다. 이 문제를 해결하기 위해서는 입원과 외래 치료 서비스를 잘 활용해야 한다. 그런데 만일 환자가 치료를 절대 안 받겠다고 우기면 어떻게 될까?

비합리적이어도 될까

가슴에 손을 얹고 생각해보자. 여러분 중에 규칙적으로 혈압을 재는 사람이 있는가? 혈압이 높은데도 약을 복용하지 않는 사람이 있는가? 50세가 넘었는데도 아직 전립선 정기 검진을 받은 적 없는 남성이 있는가? 혹시 담배를 피우는가? 매일 단것을 먹고, 매일 고기를 먹는가?

아마 당신은 이렇게 대답할 것이다. "무슨 상관이야, 내 일인데." 맞는 말이다. 위에서 언급한 모든 행동은—당연히 더 많은 사례가 있겠지만—비합리적 행동이다. 담배를 피우면 기대 수명이 크게 줄어든다. 혈압이 높은데도 약을 안 먹는 것은 자살 행위나 다름없다. 하지만 당신은 이론적으로는 내 말에 동의하면서도 그건 당신의 결정이라고 말할지 모른다. 비합리적이긴 해도 따지고 보면 결국 당신의 생명이니 말이다. 주로 흡연자가 하는 말인데, 오래 사는 것이 중요한 게 아니라 삶의 질이 중요하다는 얘기도 자주 듣는다. 그러나 처음 증상이 나타나기 시작하거나 실제로 생명이 끝나갈 때가 되면, 아마 이런 말이 다르게 들릴 것이다. 뭐, 좋다. 여기까지 하자. 이 책은 건강에 유익한 행동을 제시하는 게 아니니 말이다.

내가 하려는 얘기는 우리가 비합리적으로 행동해도 되는 권리를 자신에게는 당연히 허용한다는 것이다. 혈압이 높다는 이유로 이웃집 아저씨를—그가 싫다는데도—강제로 병원에 입원시키겠다는 생각은 터무니없다. 약을 안 먹으니 자살 행위와 다름없다는 논리를 들이밀며 입원시키려 하는 것도 터무니없는 주장이다. 그러나 이런 의문이 들 수는 있다. 그게 정신병을 이유로 강제 입원을 시키는 것과 과연 무엇이 다를까? 누군가 우울증이 심해 자살하려고 한다면, 사태가 긴급한 경우 그가 싫다고 해도 강제로 정신병원에 입원시킬 수 있는 게 현실이니 말이다. 물론 혈압약을 안 먹는 사람과 우울증 환자가 똑같다고 주장하는 것은 아니다. 하지만 이는 흔히 생각하듯 그렇게 가볍게 설명할 수 있는 문제가 아니다.

2009년 12월 7일 스위스의 〈노이에 취르허 차이퉁(Neue Zürcher Zeitung)〉에 실린 사회학자 프리드리히 쇼르프(Friedrich Schorb)의 인터뷰에서, 우리는 극단적인 견해를 만날 수 있다. 비만이 주제였는데, 편집자가 못 믿겠다는 듯 "뚱뚱할 권리가 있나요?"라고 묻자 사회학자는 이렇게 대답했다. "물론입니다. 신체는 개인의 것이지요. 우리에겐 자해할 권리가 있습니다."

우리에겐 자해할 권리가 있다는 말은 위에서 소개한 사례, 예컨대 고혈압이거나 골초이면서도 그냥 그대로 사는 사람들에 대한 대답일 것이다. 그리고 뚱뚱한 사람에게도 해당하는 말이다. 인터뷰는 그런 '비합리적' 행동의 비용이라는 흥미로운 측면도 다루었다. 편집자는 그런 행동의 권리를 허용한다면 그로 인해 발생하는 막대한 비용을 일반인이 짊어지는 게 과연 공정한지 물었다. 실제로 흡연자, 고도 비만인, 심혈관 질환 위험이 큰 사람들로 인해 지출되는 의료비는 막대하다. 따라서 해당 비용을 일반인이 아니라 원인 제공자가 부담하도록 하자는 논의가 그치지 않는다. 그러나 사회학자는 그건 다름 아닌 의료보험의 연대 원칙이 걸린 문제이며, 함부로 그 원칙을 훼손해서는 안 된다고 지적했다. 나는 그의 말이 100퍼센트 옳다고 본다. 그렇게 되면 (골절 치료 위험이 커서 비용이 많이 드는) 스키 선수나 그 밖의 다른 종목 운동선수에게도 의료비를 부담시켜야 한다. 게다가 각 사례에서 실제로 어떤 상황이 의료비를 증가시키는지 쉽사리 판단할 수 없다는 점도 염두에 두어야 한다. 이 문제에 관해서는 의학계도 항상 의견이 일치하지는 않는다. 예컨대 (꼭 필요하다고 했다가 다시 필요 없다고 하는 식으로) 특정한 정기 검진이나 위험 상황에서의 치료 권고 사항이 계속 바뀐다.

원인 제공자 원칙에 따라 연대 원칙을 버린다면, 마약과 알코올 문제를 겪는 사람들의 상황은 실로 암울할 것이다. 그러나 유전자 분석을 통해 어떤 질환에 걸릴 확률이 높거나 확실하다고 예상할 수 있는 환자들 역시 상황이 녹록지 않다. 그들 또한 일반인이 아니라 해당 환자가 비용을 부담해야 한다고 생각할 수 있을 테니 말이다.

근본적으로는 연대 원칙을 긍정하는 사람들도 '고의로' 위해를 가하는 행동에는 의문을 제기한다. 그들의 논리는 이렇다. 즉, 내가 해로운 유전자를 가지고 태어났다면 그건 나도 어쩔 수 없다. 하지만 마약을 하는 건 다른 문제다. 이들의 논리에 반대하는 이론은 최소 두 가지다. 첫 번째, 마약 중독이나 알코올 중독에서도 유전자가 중요한 역할을 한다는 사실이 점점 더 명확해지고 있다. 당신이나 나 같은 사람이 가끔 즐거운 기분으로 술을 한잔 마시느냐, 아니면 양을 조절하지 못해 중독에 빠지느냐는 최근의 연구 결과에 따르면 유전적 소인에 달려 있다. 그러니까 이 경우도 질병 발생의 중요한 요인이 당사자로서는 어찌할 도리가 없는 결과를 불러일으키는 것이다.

두 번째는 과학적 논리가 아니라 경험의 논리다. 나는 괴상망측한 자해 사례를 여럿 목격했다. 편지 칼로 자기 배를 찌른 사람, 면도칼로 팔목을 그은 사람, 깨진 유리 조각을 먹은 사람. 하지만 그게 좋아서, 즐거워서 한 사람은 한 번도 본 적이 없다. 그 모든 행동은 항상 기저에 깔린 중증 장애의 증상이었다. 따라서 나는 그들에게 그런 자해 행위의 책임이 있으므로 비용도 직접 내야 한다는 생각을—그 비슷한 생각조차—해본 적이 없다.

강요하는 도움

앞서 살펴본 쇼르프의 논리대로 인간에게 신체적 자해의 권리가 있다면, 정신 질환에서는 어떨까? 우리는 무슨 근거로 정신 질환에 개입할 수 있는가? 때에 따라서는 환자가 싫다는 의사를 분명히 표현했음에도 그럴 수 있는 근거는 무엇인가? 왜 정신 질환에서는 비합리적 행동의 권리를 제한해야 하는가?

그런 생각의 기저에는 정신 질환을 앓는 환자는 그 장애로 인해 자신의 상황을 충분히 파악하지 못한다는 판단이 깔려 있다. 가령 우울증 환자는 자살할 방법만 고민한다. 병으로 인해 세상만사를 어둡게만 보기 때문에 자기 문제를 해결할 다른 방안이 있다는 사실을 깨닫지 못한다. 그러므로 이 경우는 질병 그 자체가 자유롭고 합리적인 의사 결정을 저해해 환자의 생명을 위협한다. 당연히 그의 자유 의지는 제한받고, 이 시기에는 다른 이가 그를 후견해 의사 결정을 내려야 한다. 이것이 기본적인 생각이다. 나 역시 여기에 동의한다. 물론 **자유 의지**와 **후견**이라는 개념을 조금 더 생각하다 보면 금세 머리가 혼란스러워질 테지만 말이다.

후견: 완전한 후견이 아니면 아예 개입하지 말아야 할까

질병으로 인해 중요한 의사 결정—질병에 걸리지 않았다면 할 수 있었을 혹은 했었을 결정—을 내릴 수 없는 사람. 설령 그런 사람이라고 해도 모든 결정에 후견이 꼭 필요한 것은 아니다. 중증 정신 장애나 진행된 치매를 예로 들어보자. 해당 환자가 더는 유의미한 경제적 결정을 내릴 수 없다는 사실은 대부분 매우 확실하다. 따라서 경제 문제에서는 도움이 필요하고, 위급한 경우에는 환자의 의사와 다른 결정을 내려야 할 수도 있다. 하지만 설사 그렇다고 해도 개별 사례에서 그것이 환자의 자발적 결정인지, 아니면 (질병으로 인해 달라졌을 뿐) 환자가 병에 걸리지 않았다면 전혀 다르게 내렸을 결정인지를 판단하기가 항상 간단한 것은 아니다.

여러분도 다 알다시피 이럴 때는 추측이 중요한 역할을 한다. 환자의 결정이 건강할 때 같은 상황에서 내렸을 결정과 얼마나 차이가 날까? 자발적인 결정을 내렸다고 해도 환자가 건강했던 예전의 인성 범위를 얼마나 벗어났는가? 이런 의심이 들 때 판단은 정신과 의사의 몫이 아니다. 보호자, 후견인, 판사가 판단을 내릴 때가 훨씬 더 많다. 물론 정신과 의사를 심사원으로 소환할 때도 있는데, 그러면 의사는 탐정처럼 환자의 지난 삶을 추적해야 한다. 예전에 비슷한 상황에서 환자가 어떤 결정을 내렸는지 알아야 하고, 환자의 생각을 짐작해야 하며, 환자의 불합리한 행동에 미치는 질병과 기본적인 인성의 영향을 가늠해야 한다. 질병이 결정에 얼마나 영향을 미쳤는지 따져보아야 한다. 이는 간단한 작업이 아니다. 재산이 걸린 결정일 때도 많은데, 그럴 경우는 가족 각자의 이해관계가 다르므로 일이 더욱 힘들어진다.

하지만 정말로 중증인 치매 환자가 있다고 가정해보자. 당연히 직접 관공서에 가지 못할 테고, 경제적 결정 역시 내릴 수 없을 것이다. 어쩌다 정신이 잠깐 돌아오는 몇 번의 순간을 빼면 자기 자식도 못 알아본다. 자신을 지금 막 입대 영장을 받아 제2차 세계대전에 참전해야 하는 17세 청년으로 여기며, 간호사의 지시를 자기 엄마의 명령이라 생각한다. 이런 환자라면 모든 결정권을 박탈해야 하지 않을까? 그런 심각한 상태여도 어떤 것은 '합리적으로', 다시 말해 자기 뜻대로 결정할 수 있는 걸까? 항상 놀라는 일이지만, 그런 상황에서도 환자의 건강한 기본 인성을 알아보는 경우가 있다. 질병의 영향이 미치지 않는 자신들의 바람과 욕망을 표출하는 지점이 얼마나 많은지 알고 나면 놀라지 않을 수 없다. 중증 치매로 단추 잠그는 법을 잊어버려서 옷도 혼자 못 입는 사람이 간병인과 체스를 두어 이기고, 쇼팽의

피아노곡을 멋지게 연주해 다른 환자들의 귀를 즐겁게 만들기도
한다.

한번 비이성적이면 영원히 비이성적일까

사람은 변한다. 이는 만고의 진리다. 그러나 우리의 경험은 그
말이 중증 정신 장애 환자에게도 해당하는 진리는 아니라고 얘
기한다. 병을 앓는 동안 타인을 위협하는 행동을 하던 사람이 건
강해지면 그런 짓을 하지 않을 거라고 믿기는 힘들다. 우리는 이
런 사람들은 워낙 마음이 악해서 공격적인 행동이 그들의 인성
탓이라고 생각하려는 경향이 있다. 인성 구조는 좀처럼 변할 수
없고 기껏해야 오랜 시간을 거치며 살짝 바뀔 뿐이라고 말이다.
물론 그런 사람들이 있긴 하다. 하지만 지금 우리가 다루는 사람
은 건강할 때는 조용히 살다가 병이 발발하면 범죄를 저지르는
이들이다. 가장 극단적인 사례는 조현병의 망상 단계에서 타인
을 살해한 사람들이다. 대부분 가족 안에서 벌어지는 큰 비극이
다. 그러나 이런 사람도 보통 망상을 치료하면 곧바로 다시 완전
히 얌전해진다.

몇 년 전 내가 치료했던 환자는 운석이 취리히 시내에 떨어

질 것이므로 얼른 시민들을 대피시켜야 한다고 굳게 믿었다. 그래서 붐비는 교차로에 서서 교통 정리를 했다. 시내에서 나오는 차들은 가게 놔두고 들어가려는 차는 우회시켰다. 경찰이 바로 달려와서 병원으로 데려갔다. 당연히 환자 자신은 치료의 필요성을 느끼지 못했으므로 완강히 저항했다. 재앙이 곧 닥칠 텐데, 경찰이 아무것도 모른다고 생각했기 때문이다. 그는 결국 강제 입원을 당했다. 그 조치는 옳은가, 그른가? 당연히 옳다. 그의 행동은 비합리적이고 타인과 자신을 위험하게 만들었다. 그리고 망상으로 인해 바뀐 현실 판단을 근거로 삼았다. 치료 후 다시 건강해진 그 역시 이렇게 생각했다.

그렇다면 이것은 어떤가? 어떤 여성 환자가 가족의 손에 이끌려 병원으로 왔다. 집 밖으로는 한 발도 나가지 않으려 했기 때문이다. 환자가 나를 믿고 그 이유를 털어놓기까지는 시간이 꽤 오래 걸렸다. 그녀는 인지학(Anthroposophy: 인간의 본질과 우주의 이치를 정신적으로 탐구하는 철학 체계―옮긴이)을 믿고 있었다. 요컨대 인간과 동식물만 생명이 있는 게 아니라 만물, 그러니까 가령 돌도 생명이 있다고 굳게 믿었다. 집 앞의 길에 자갈이 깔려 있는데, 그 돌을 밟기가 날로 망설여졌다. 밟으면 돌이 아파할 테니 말이다. 처음에는 자갈길을 돌아가려고 했다. 하지만 길 주변에 돋아난 풀도 생명이 있지 않은가. 결국 그녀는 집에서 한

발도 나갈 수 없게 되었다. 밖으로 나갔다가는 어떤 생명체를 위험에 빠뜨릴 터였다. 이런 경우는 강제 입원을 시켜야 할까? 대답하기가 쉽지 않다. 상담을 진행하는 동안 환자의 생각이 인지학의 이론과 매우 유사하기는 해도 그걸 망상적으로 받아들인다는 사실이 분명해졌다. 다시 말해, 병으로 인해 집 밖으로 나가지 않는 그녀의 행동은 더 넓은 의미에서 자신을 위험에 빠뜨리는 짓이기에 강제 입원은 정당했다. 질병 때문에 그녀는 상황을 합리적으로 판단할 수 없었다. 누가 봐도 명확한 그녀의 이익을 위해 가족이 대신 행동에 나서야 했던 사례다.

더 어려운 사례로 넘어가 보자. 조현병 환자가 병 때문에 마피아한테 쫓기고 있다고 확신한다면 어떻게 할까? 그는 추격자로부터 자신을 보호하기 위해 무기까지 장만했다. 치료를 진행하면서 망상은 완벽히 사라졌다. 현실을 파악한 환자는 경찰에 무기를 넘겼고 통원 치료를 받겠다고 동의했다. 그러나 환자가 회복한 것은 아플 때 복용한 약물 덕분이었다. 유감스럽게도 그는 자꾸만 약 복용을 중단했고, 그 바람에 얼마 지나지 않아 조현병이 도졌다. 그래서 질병의 여러 단계에서 무고한 주변 사람들을 위협하는 위험한 상황이 되풀이되었다. 그 환자가 다음에도 또 약을 먹지 않는다면, 싫다는 그를 강제로 입원시켜야 할까? 그게 안 되면 외래 진료라도 억지로 끌고 다녀야 할까? 보통 사람들은 대부분 그래야 한다고 대답할 것이다. 강제 입원이나 치료를 받아야 환자 자신은 물론 주변 사람들의 안전이 보장될 테니 말이다. 그러나 법학자들의 생각은 달랐다. 환자가 자유 의지로, 즉 급성 조현병의 영향을 전혀 받지 않은 채로 약물을 복용하지 않기로 결심했다면 (예방을 위해) 환자의 의사에 반해 그를 치료해서는 안 된다는 것이다.

경계성 인격 장애 환자 중에는 팔에 자해를 가하는 이들이 많다. 당장 생명이 위태로운 상처는 아니지만, 환자가 싫다고 해도 개입해야 하거나 또는 개입해도 되는 시점은 언제일까? 어쨌거나 자칫 동맥을 건드리거나 감염으로 생명이 위태로울 수 있다. 이런 경우도 자해가 질병 탓이기는 하지만 강제 조치를 시행할 정도는 아니다.

결정을 내리기 힘든 상황은 식이 장애 환자에게도 자주 닥친다. 식이 장애 환자의 약 10퍼센트가 거식증으로 사망한다. 생명에 필요한 생물학적 기능마저 더는 작동하지 않을 정도까지 굶기 때문이다. 이런 경우는 언제부터 개입해야 좋을까? 언제부터 개입해야 할까? 자신을 위험에 빠뜨리는 그들의 행동은 신중하게 따져 자유롭게 결정한 것이 아니다. 병으로 인해 현재 상황과 위험을 똑바로 파악하지 못하기 때문이다.

이 모든 것은 단순히 의학적 문제에 그치지 않는다. 법적인 문제이기도 하며, 무엇보다 사회적 문제이기도 하다. 개인의 자기 결정권은 타인의 돌봄, 즉 개입권과 맞선다. 오늘날에는 인간의 자기 결정권에 큰 여지를 주며, 환자의 의사에 반하는 조치는 매우 제한적인 경우에만 합법화된다.

밥에 약을 섞는다

보통 사람들은 정신병원에서 밥에 약을 섞는다고 믿는다. 모든 치료를 불신하는 환자는 말할 것도 없고 건강한 사람들도 그렇게 생각한다. 실제로 예전에는 정신병원뿐 아니라 요양 시설에서도 자주 쓰는 치료법이었다. 그래서인지 그게 잘못이 아니라고, 때에 따라서는 필요하다고 생각하는 사람이 의외로 많아서 놀랄 정도다.

사리 분별을 못 하는 환자한테 몰래 치료 약을 먹이지 않는 우리를 도무지 이해하지 못하겠다는 가족들도 종종 만났다. 나의 항변을 감상주의에 젖은 사이비 민주주의라고 생각하는 사람도 많았다. 하지만 나는 힘주어 말하고 싶다. 환자를 속이는 그런 식의 치료법을 더는 용인해선 안 된다고 말이다, 어떤 환자의 밥에도 몰래 약을 타서는 안 된다. 이유는 지극히 단순하다. 모든 환자는 자신한테 무슨 일이 일어나고 있는지 스스로 잘 안다고 믿을 수 있어야 한다. 물론 그것이 항상 환자도 원하는 일은 아니다. 환자의 의사에 반해 무언가를 강요해야 하는 상황도 있다. 특정 치료 또는 병원 입원 그 자체일 수도 있다. 다행히 그런 일이 자주 일어나지는 않는다. 그래도 꼭 그래야 한다면 환자 몰래 해서는 안 된다. 강요하더라도 공개된 장소에서 해야 한다. 환자는 그런 행동에 저항할 권리가 있고, 독립 기관에 정당성 판단을 의뢰할 권리도 있다. 판결은 보통 판사가 내린다.

환자의 의사에 반하는 조치는 껄끄러운 주제다. 그래도 여러분에게 온전히 다 소개하고 싶다. 밝은 면만 보여주고 싶지는 않다. 때로는 질병 자체가 환자의 올바른 상황 판단을 가로막는다. 우울증 환자는 세상을 너무나 암울하게 바라본다. 자신의 감정이 꽁꽁 얼어붙었다고 느끼며 절대 달라지지 않을 거라고 굳게 확신한다. 그런 삶을 굳이 몇십 년 동안 이어가고 싶지 않기에 자살을 결심한다. 환자의 그런 기본적인 가정은 틀렸고, 질병 탓에 스스로 이런 오류를 범한다. 우울증은 치료 가능하며, 환자가 평생을 지금처럼 아무 감정 없이 살아야 할 확률은 매우 낮다. 하지만 질병이 그를 속인다. 피자집엘 갔다가 위협을 느낀 환자도 마찬가지다. 그의 눈으로 보면, 그런 위협에 저항하고 추격자들을 죽이고 싶은 마음은 너무나 당연하다. 그러나 질병으로 인해 현실 판단이 왜곡된다. 이 두 가지 사례에서는 한정된 기간만이라도 환자의 의사에 반하는 조치가 정당한 것 같다. 우울증 환자는 그릇된 생각 때문에 자살하지 못하게 방지할 수 있어야 하며, 추적 망상 환자는 필요하다면 그의 의사에 반하는 조치를 시행하더라도 타인에게 해를 가하는 행동을 막을 수 있어야 한다. 그래도 이 문제는 여전히 껄끄럽다. 허락은 물론이고 사회적 논의를 통해 필수적인 조치의 경계를 끊임없이 재정립해야 할 것이다.

도움과 폭력 사이

스위스에서는 오랫동안 강제 입원을 **돌봄용 자유 박탈**(Fürsor-gerischer Freiheitsentzug)이라고 불렀다. 이를 약 3년 전부터는 **돌봄용 수용**(Fursorgerische Unterbringung)이라고 부른다. 나는 예전부터 이 용어가 마음에 들지 않았다. 강제 입원을 지나치게 별일 아닌 것처럼 미화한다고 생각하기 때문이다. 지금도 나는 강제 입원은 그 사실 자체를 투명하게 밝혀야 한다고 생각한다. **돌봄**이라는 말은 적어도 환자 본인의 귀에는 과도하게 부드러운 용어다. 나아가 이 용어는 모든 강제 입원은 물론이고 모든 강제 치료가 안고 있는 딜레마를 잘 표현한다.

강제를 행사하는 사람은 도움과 폭력 사이 어딘가에 어정쩡하게 위치한다. 그들은 어쩔 수 없이 폭력을 행사한다고 주장하며, 실제적인 신체적 폭력도 드물지 않다. 그들은 환자에게 필요한 도움을 주려면 다른 방법이 없다고 자신의 행동을 정당화한다. 의사가 '돌봄용 자유 박탈' 혹은 '돌봄용 수용'이라는 진단을 내릴 때 걱정하는 것도 바로 이런 점이다. 이런 돌봄에는 항상 권력이라는 측면이 숨어 있기 때문이다. 돌봄이라는 말에는 이런 뜻이 살짝 포함되어 있다. "너한테 뭐가 좋은지는 너보다 내가 더 잘 알아." 당연히 정신과에서만 그런 것은 아니다. 아이를 키우거나 정신지체아를 돌보거나 급성 자살 위험이 큰 사람을 대할 때도 이런 동기가 작용한다.

따라서 이 같은 걱정과 권력 행사가 불안한 균형을 유지하는 곳에서는, 상황이 정말로 당사자의 의사에 반하는 행동을 정당화하는지 때로 의문스러운 것도 그리 놀랄 일이 아니다. 내가 근무했던 병원에서는 인턴이나 전문의들이 나를 찾아와서 강제 입원 진단을 내린 의사가 신중하지 못했다고 하소연하는 일이 많았다. 지금도 나는 의사들이 병원에서 이 껄끄러운 결정을 내릴 때 적절한 수위를 잘 지킨다는 확신이 없다. 어떤 환자가 퇴원을 원하면 의사는 돌봄과 강제(입원 유지) 사이에서 고민해야 한다. 이런 때에도 의사는 현대 정신의학이 오래전에 버린 해묵은 선입견을 맞닥뜨린다. 요즘은 누군가를 그의 의사에 반해 정신병원에 붙잡아두는 결정을 내리는 일이 매우 드물다. 환자의 의사에 반하는 조치를 할 때 가장 흔히 사용하는 기본 원칙은 퇴원에 대한 상호 합의다. 환자와 치료사가 퇴원 일정을 계획하고, 퇴원과 그 이후의 시간까지 함께 준비한다. 그러나 환자가 아직 제대로 안정되지 않았는데도, 심지어 지금까지의 치료 성과가 모두 물거품이 될지 모르는데도 퇴원을 바라는 일이 끊임없이 일어난다. 비합리적인 결정이기는 해도, 대부분은 강제로 병원에 붙잡아둘 정당한 이유가 못 된다. 강제를 정당화할 수 있는 경우는 단 하나, 너무 이른 퇴원으로 인해 자신의 안녕은 물론 타인의 안녕까지도 심각하게 위태로울 때, 즉 자해나 타인에게 위해를 가할 위험이 있다고 염려될 때뿐이다.

환자의 의사에 반하는 조치의 기본 원칙

강제 조치는 안 그래도 논란이 많은 주제이고, 특히 정신병원에서 이런 조치를 시행할 때 무슨 일이 벌어지는지 일반인은 투명한 정보를 요구할 권리가 있다. 그래서 내가 일하는 병원에서는 기본 원칙을 정해두었다. 우리는 그 내용을 행동 지침으로 삼고 있으며, 외부에도 투명하게 공개할 수 있다. 요컨대 환자의 의사에 반하는 조처를 할 때 우리는 아래의 기본 원칙, 즉 '십계명'을 준수한다.

1. 의학에서 강제 조치는 예외 상황이며, 오직 환자의 돌봄과 안전에 이바지해야 한다.

2. 정신 질환은 인간의 판단력을 손상할 수 있다. 이로 인해 환자 자신이나 타인을 환자의 공격성으로부터 보호해야만 하는 일이 벌어질 수 있다.

3. 환자의 의사에 반하는 조치는 최소한으로 사용한다.

4. 조치를 시행하는 도중이나 그 후에 법적 근거를 엄격히 준수한다. 여기에는 모든 경우 당사자가 강제 조치의 적법성 검토를 외부에 의뢰하는 것도 포함된다.

5. 강제 조치를 시행하기 전에는 반드시 단계적 완화(Deescalation) 조치를 시행한다.

6. 시행 전에는 반드시 강제 조치보다 덜 개입하는 방도가 있는지 검토한다.

7. 강제 조치 결정은 반드시 의사의 지도와 감독에 따라 내리며, 응급 상황에서는 즉각 검토한다.

8. 강제 조치는 규정된 표준에 따라 시행한다. 직원들도 그 표준에 의거해 교육을 받는다.

9. 모든 강제 조치는 시행 후 팀과 해당 환자가 함께 모여 논의하고 검토한다.

10. 환자나 환자가 지정한 보호자(예컨대 가족)는 모든 단계(지시, 시행, 사후 논의)에서 최대한 합리적으로 결정에 참여한다.

당연히 모든 강제 조치는 기록으로 남겨야 한다. 그래야 나중에 혹시 필요할 때 점검해볼 수 있다. 이 모든 계명을 준수하고 세심하게 주의를 기울이지만, 그래도 여전히 강제 조치는 껄끄러운 주제다. 그러나 환자의 의사에 반하는 조치가 정신과에서만 시행되는 것은 아니라는 사실을 아는 사람은 그리 많지 않다. 강제 조치가 신체의학에서도, 가령 내과 응급실이나 노인의학에서도 드물지 않다는 사실을 입증한 몇몇 연구 결과가 있다.

가족

환자의 가족을 훼방꾼 취급하던 시절이 있었다. 늘 귀찮은 질문이나 해대고 예고도 없이 들이닥치며 인내심이라고는 없는 인간들이라고 말이다. 그래서 팀 회의에서는 가족을 **무뢰한**이라고 지칭하기도 했다〔독일어로 가족(die Angehorigen)과 무뢰한(die Ungehorigen)의 발음이 비슷해서 하는 언어유희-옮긴이〕. 그러나 요즘은 많이 바뀌었다. 의료진이 가족의 말에 귀를 기울이고 의견을 존중하며 환자가 동의할 경우 치료 과정에도 참여하는 것이 옳다는 인식이 널리 보급되었다. 그래야 하는 이유는 두 가지다.

첫째, 일반적으로 가족은 치료가 끝난 후 중요한 역할을 맡을 사람이다. 환자를 지원하고 보살필 사람이다. 또 치료 초기에 질병의 경과와 증상의 진전에 대한 정보를 제공할 수 있다. 물론 가족이 환자에게 부정적 영향을 주거나 심지어 해를 끼치는 일도 이따금 발생한다. 하지만 설사 그렇다고 해도 그 문제를 덮고 넘어가기보다는 치료 중에 다루는 편이 훨씬 더 낫다.

둘째, 환자의 질병으로 인해 가족 스스로가 큰 부담을 안기 때문이다. 내 진료실에서 만난 사례에서도 알 수 있듯 환자를 걱정하는 정신적 스트레스 외에 지극히 일상적인 부담도 적지 않다.

하루는 상담 시간에 얼굴에 수심이 그득한 부모가 찾아와 25세 아들 이야기를 토로한 적이 있다. 그 아들은 조현병인데 18세 때 처음 진단을 받았다. 지금은 부모 집에 얹혀살면서 아무하고도 만나지 않았다. 결혼도 하지 않았고 친구도 없다. 경제적으로도 완전히 부모에게 의지했다. 특히 어머니는 아들을 어린아이처럼 보살피고 있었다. 방 청소도 대신 하고 필요한 물건도 대신 사다 주었다. 밥도 하고 빨래도 해주었다. 아버지는 아들을 좀더 엄하게 대해야 한다는 쪽이었다. 억지로라도 혼자 해보도록 시켜야 한다고 말이다. 몇 번 시도해봤지만 잘 안 되었다. 아들은 자기 방에 틀어박혀 온종일 굶었다. 한번은 증상이 악화해 병원에 입원한 적도 있었다. 그때부터 어머니는 그런 식의 돌봄을 아예 포기했다. 부부가 함께 여행을 가거나 주말에 잠깐 외출이라도 한 것이 벌써 몇 년 전인지 모른다. 남편은 혼자서 잠깐씩 여행을 다녔지만, 아내가 집을 떠나지 않으려 해서 늘 양심의 가책에 시달렸다.

우리는 어머니가 자유를 더 많이 누릴 수 있도록 차근차근 노력했다. 그 첫 단계로 미리 밥과 반찬을 해놓은 다음, 부모가 주말에 의도적으로 여행을 떠났다. 그 방법은 예상 밖으로 잘 먹혀서 여러 번 여행을 갈 수 있었다. 우리는 한 걸음 더 나아가 부모가 장기간 집을 비울 때 아들을 돌볼 방안을 논의했다. 그러나 정작 아들은 치료를 받으려 하지 않았고, 모든 대화와 조치를 거부했다. 그러던 어느 날 급성 단계에서 분노 발작을 일으킨 아들이 아버지와 드잡이를 했다. 그 바람에 부모는 아들을 그의 의사에 반해 강제 입원시킬 수밖에 없었다. 덕분에 치료를 받은 아들은 조금 시야가 열렸고, 상담을 통해 일상의 변화를 모색하게 되었다. 그 후 한동안 환자 보호 조치가 마련되어 있는 직장에 다니다 독립했고, 부모의 부담도 크게 줄었다. 물론 아무리 그래 도 부모는 여전히 평균 이상의 노력을 기울여야겠지만 말이다.

부모를 기만하고 부모의 돈을 훔치고 부모를 때리는 환자도 보았다. 아내를 학대하고 감금하고 온갖 방식으로 괴롭히는 환 자도 보았다. 물론 극히 드문 사례다. 나는 정신 질환 환자에 대 한 부정적 선입견을 부추기려는 게 아니라 상대화하고 싶을 뿐 이다. 그러나 개별 사례에서는 이런 힘든 문제가 있고, 병으로 인해 주변 사람들에게 해를 끼치는 환자도 있다. 당연히 이 모든 상황은 정신 질환 환자에게만 해당하지 않는다. 하지만 분명 정 신 질환 환자에게서도 일어나는 일이다.

가능하다면 가족을 치료에 참여시켜야 하는 이유는 충분하다.

가족 자조 그룹

자신과 비슷한 처지에서 어려움을 겪고 있는 다른 이들과 함께 하는 시간은 소중한 경험이다. 따라서 자조 그룹은 오래전부터 활발한 활동을 펼쳐왔다. 그곳에 가면 비슷한 문제를 겪는 사람들을 만날 수 있다. 가령 정신 질환 환자 가족들이 모여 서로의 경험을 주고받는다. 자기 혼자 그런 문제를 겪는 것이 아니며, 자기와 처지가 같은 다른 이들이 있다는 사실만으로도 마음의 부담이 크게 줄 수 있다. 다른 참가자들의 경험담 역시 큰 도움을 준다. 내가 지금 골머리를 앓고 있는 것과 비슷한 문제를 그들은 이미 해결했으니 말이다. 또 지역의 병원이나 숨은 정신과 명의(名醫) 정보를 얻을 수 있어 우왕좌왕하지 않아도 된다.

자조 집단을 전문가가 이끄는 일은 드물다. 그래도 전문가가 있으면 아무래도 좋은 점이 많다. 다양한 치료법은 물론 약물의 부작용까지 전문적인 지식과 경험담을 들을 수 있다. 물론 전문가가 없는 것도 나름 좋다. 의사와 간병 전문 인력, 해당 기관이나 관공서, 정신병원 욕을 눈치 안 보고 실컷 할 수 있다. 또 덜 위계적이다. 전체를 이끌어가는 전문가가 없으니 모두의 역할이 똑같다. 더구나 비슷한 상황을 겪으며 해결책을 찾은 사람들의 충고는 (몸소 경험하지는 못한 지식을 전달하는) 전문가의 충고보다 훨씬 믿음이 간다. 어차피 전문가란 늘 약간의 거리감이 느껴지게 마련이다.

두 종류의 자조 집단 모두 나름의 장단점이 있다. 관심이 있다면 일단 가입해서 경험해보자. 그래야 어느 쪽이 더 유익한지 알 수 있다. 어쨌거나 자조 집단은 권유할 만하다. 무슨 일이건 겉으로 아무렇지 않은 척하며 혼자 끙끙대는 것은 그리 좋은 전략이 아니다.

환자가 가족과의 접촉을 원치 않는다

가족과의 접촉을 원치 않는 환자가 있다. 심지어 심리치료사에게도 절대 자기 가족과 연락하지 말라고 우긴다. 그럴 때는 치료가 힘들어질 수 있다. 치료에 가족을 동참시키는 것은 너무나 당연하지만, 환자한테는 비밀 엄수를 요구할 권리가 있다. 상대가 가장 가까운 가족이라고 해도 말이다. 가끔은 특히 가족에게만큼은 절대로 자신의 질병 정보를 알리지 말라는 환자가 있다. 그런 경우 치료사와 간병 인력은 환자의 비밀 엄수 의무를 우선해야 한다. 물론 임상 실무에서는 가족에게 상황을 알려 이해를 구하는 한편, 환자한테도 계속해서 가족 동참의 중요성을 설득한다. 환자가 성인일 때는 질병 사실 혹은 치료 중이라는 사실을 누구에게 알릴지 반드시 스스로 결정해야 한다. 그러나 환자를 치료하다 보면 양쪽의 이해관계가 서로 대립해 눈치껏 대처해야 하는 난처한 상황도 종종 발생한다.

가족이 뭘 잘못했을까

환자의 가족을 만나면 정신과 의사가 가장 많이 듣는 질문 중 하나는 바로 이것이다. "제가 뭘 잘못했을까요?" 아들이 이상한 행동을 하거나 세상을 등지고 방에 틀어박혔다면, 딸이 사람들하고 잘 어울리지 못하거나 망상에 빠져 있다면 아이를 키울 때 뭔가 잘못했던 게 분명하다.

실제로 예전에는 전문가들도 그렇게 생각했다. '조현병을 유발하는 어머니(Schizophrenogenic Mother)'라는 키워드가 많은 어머니를 심각한 죄책감으로 몰아넣었다. 이 말은 조현병의 원인이 어머니가 아이를 키울 때 계속해서 모순된 신호를 보냈기 때문일 수 있다는 뜻이다. 특히 정서적 신호와 언어 신호의 모순이 결정적이다. 간단한 예를 들어보자. 어머니가 아이에게 "사랑해"라고 말하면서 아이를 밀친다. 그런 태도를 '이중 구속(Doublebind)' 행동이라고 부른다. 어머니가 이런 행동을 되풀이하면 아이는 계속 의문을 품는다. 어느 쪽이 맞을까? 사랑한다고 말하니까 나를 사랑하는 걸까? 나를 밀어내니까 사랑하지 않는 걸까? 아이는 늘 불안 상태에 빠져 있다. 하지만 그게 조현병을 일으킨다는 주장은 틀렸다. 요즘의 우리 눈으로 보면 '조현병을 유발하는 어머니'는 말도 안 되는 헛소리다. 거기에는 여러 가지 이유가 있다.

첫째, 일반적으로 육아는 엄마만 하지 않는다. 아빠 역시 자녀의 발달에 큰 몫을 한다. 따라서 만일 그렇다면 '조현병을 유발하는 아버지'도 있어야 한다. 둘째, 설령 패턴처럼 반복된다고 해도 한 가지 유형의 행동이 미치는 영향력을 과대평가한 것이다. 아이의 발달에 영향을 주는 요인은 너무도 많다. 한 가지 영향이 부정적이라 해도 수많은 다른 영향에 파묻혀 상대화되기 마련이다. 셋째, '이중 구속' 행동과 조현병의 연관성을 입증한 연구가 존재하지 않는다. 우리는 앞서 취약성 스트레스 대처 모델을 다룬 단락에서 오늘날 전문가들이 정신 질환의 원인을 어떻게 생각하는지 살펴보았다. 그리고 대부분의 정신 질환에서 "내가 뭘 잘못했을까요?"라는 질문에 확실한 대답을 할 수 있다는 것도 살펴보았다. 그 대답은 이렇다. "아무 잘못도 없어요!"

물론 가족이 정신 질환의 발생과 경과에 어느 정도 영향을 미칠 수는 있다. 부정적인 영향도, 긍정적인 영향도 있다. 그래서 환자와 그 가족의 심리 교육 시간에는 항상 이 점을 강조한다. 가령 아픈 가족한테 어떻게 행동하는 것이 가장 바람직한지를 의논할 때도 이 사실을 가르친다. 하지만 위의 가족이 던진 질문은 그런 뜻이 아니다. 뭔가 잘못했을 수도 있다는 의심을 떨치지 못하면, 자신이 그 질병을 일으킨 원인이거나 적어도 주요 원인일지 모른다는 생각에 마음이 괴롭다. 그런 의문에는 딱 한 마디로 대답할 수 있다. "아니, 그렇지 않아요." 의심을 풀어주면 자연스럽게 다음 질문이 튀어나온다. "그럼 대체 왜 우리 아들(딸)이 병들었을까요?"

정신의학의 역사에는 지금의 우리 눈으로 볼 때 괴상망측하다 못해 헛웃음이 터지는 주장도 많다. 물론 당시 사람들한테는 전혀 웃기지 않았을 테지만 말이다. 사례를 들자면 끝이 없다. 히포크라테스까지 거슬러 올라가는 아주 오래된 오해 중 하나가 바로 눈에 띄는 행동은 (특히 여성의 경우) 자궁에서 생길 수 있다는 것이다. 그리스어로 자궁을 히스테라(Hystera)라고 하는데, 얼마 전까지만 해도 눈에 띄는 행동을 **히스테리**라고 불렀다. 그러나 자궁이 그런 행동과 상관이 있다는 주장에는 그저 헛웃음만 나올 뿐이다. 구태의연하기 짝이 없는 그런 생각 중에는 '조현병을 일으키는 어머니'라는 것도 포함된다. 그런 말은 그냥 싹 잊어버리자. 내 말을 거만하다고 여길 이유는 없다. 역사를 돌아보면 그런 식의 생각은 대부분 당시의 지식 수준을 바탕으로 삼았고, 온갖 시대정신의 영향을 받아 탄생했다는 걸 잊지 말아야 한다.

자신이 원인이 아니라면, 아들이나 딸의 질환은 왜 생겼을까? 환자의 가족이 이렇게 물을 때를 대비해 우리는 이미 정확한 대답을 알고 있다. 우리는 환자의 가족에게도 취약성 스트레스 대처 모델을 가르친다.

정신이 정신과 의사를 만나면

여기까지 오는 동안 우리는 정신의 몇 가지 측면과 그 정신이 균형을 잃을 때 생길 수 있는 일들을 살펴보았다. 물론 주로 진단의 측면에 초점을 맞추었다. 정상에서 질병으로 넘어가는 경계는 어떻게 정할 수 있는지 고민했고, 진단은 어떻게 내리는지 알아보았으며, 정신 질환의 여러 사례도 만나보았다. 정신 질환의 책임이 누구에게 있는지 고민하는 이들을 위해서는 취약성 스트레스 대처 모델이라는 현대 정신의학의 대답을 들려주었다.

진단을 내려서 특정 질환이 확인되면 어떻게 될까? "신들은 치료보다 진단을 앞세웠다." 이는 의학에서 많이 인용하는 속담이며, 당연히 정신의학에도 해당된다. 하지만 신들은, 아니 적어도 환자들은 진단을 내렸다면 최대한 효과적인 치료가 따라오길 바란다. 이제부터는 그 문제를 살펴보려고 한다. 미리 살짝 귀띔하자면 현대 정신의학에는 정말로 효과가 좋은 몇몇 치료법이 있고, 실제로 많은 환자가 치료 후 완전히 건강해진다.

　　그러나 우리는 진단과 치료를 시작하기 전에 또 한 번의 이상한 만남을 앞두고 있다. 정신과 의사, 심리학자 혹은 심리치료사와의 만남이 그것이다. 이들의 차이를 제대로 몰라서 혼란스러운가? 그렇다면 제대로 찾아왔다. 당신이 그들의 차이점을 분명히 파악하도록 미약하나마 이 책이 도움을 줄 것이다. 또 지금도 여전한 여러 가지 편견을 살펴보고 그걸 바로잡도록 하자.

정신과 의사라는 이상한 종족에 대하여

정신과 의사라고요? 힘드시겠어요!

나는 저녁 모임에서 모르는 사람들이 자기 직업을 밝히는 순간을 좋아한다. 물론 직업이 무엇인지보다는 그 말을 듣는 사람들의 표정이 훨씬 더 재미있다.

"법조인입니다." 인정을 담은 공손한 눈빛. 자연스럽게 이어지는, 어느 분야인지를 묻는 추가 질문.

"교사입니다." 대부분은 표정에 아무런 변화가 없다. 교사는 누구나 아는 직업이다. 교사로서의 삶이 어떤 것인지 우리는 다 안다. 교단 반대편에 앉아 있기는 했어도 오랜 세월 그 자리가 어떨지 상상해왔으니 말이다. 살짝 동정심이 드는 사람도 많겠지만, 당연히 그런 모임에서는 예의상 표정에 드러내지 않는다.

"은행원입니다." 동정과 질투가 뒤섞인 표정. 다들 속내를 들키지 않으려 애쓰며 보너스 이야기를 시작한다.

"기자입니다." "사회복지사입니다." "전문 경영인입니다." "가정주부입니다." "의사입니다." "도서관 사서입니다" 등등. 수많은 직업이 각각의 반응을 불러낸다.

드디어 내 차례. "정신과 의사입니다." 휘둥그레진 눈과 고개들이 내 쪽으로 휙 돌아온다. 흥미를 잃고 딴청 피우던 사람들까지 고개를 돌린다. 다들 깜짝 놀라서 정신이 번쩍 든 것 같다. 얼마 전에는 미용실에 갔는데, 미용사가 머리를 자르다 말고 못 믿겠다는 표정으로 나를 빤히 쳐다보았다. 나는 그녀를 안심시키기 위해 이런저런 설명을 곁들이며 그녀가 다시 머리 손질에 집중해주길 바랐다. 때로는 못 믿겠다는 듯 잠깐 웃음을 짓는 사람도 적지 않다. 그들의 머리에는 프로이트의 카우치(Couch)와 창살 박힌 병원이 떠오를 것이다. 제정신이 아닌 채 미쳐 날뛰는 사람들, 약에 취해 느릿느릿 움직이거나 뻣뻣하게 걸어가는 사람들의 모습이 스쳐 지나갈 것이다. 물론 그런 모든 반응은 아주 잠깐이다. 어쩔 수 없이 뭐라도 대꾸해야 할 시간이 다가오기 때문이다. "힘드시겠어요!" 정신과 의사라고 말하면 항상 두 가지 일이 생긴다. "힘드시겠어요"라는 말과 함께 내가 좌중의 중심이 된다. 물론 나는 그런 상황이 유쾌하다. 그걸 대놓고 시인할 수야 없지만 말이다. 좌중의 중심이 되고 싶지 않다는 사람은 사회 공포증이 있거나 지나치게 겸손한 사람일 텐데, 둘 다 장기적으로는 문제의 소지가 있다.

대화가 거기서 그치지 않도록 나는 되묻는다. "왜 힘들어요?" "아, 뭐 고단할 테니까요." 상대의 눈에는 다시금 한 장면이 떠오를 것이다. 절망에 빠져 눈물 바람을 하는 환자를 벌써 한 시간째 달래고 있는 나. 아마도 같이 울고 싶은 마음과 차갑게 거리를 두어야 한다는 마음이 계속해서 싸우고 있을 것이다. 내가 상대의 눈에 담긴 장면을 상상하는 동안 다른 사람이 끼어든다. "고단하기도 하고 또 약간 위험하죠?" 그의 눈에도 한 가지 장면이 떠오를 것이다. 망상에 빠진 조현병 환자와 정신착란을 일으킨 마약 중독자가 칼을 치켜든 채 나에게 달려들고, 건장한 간병인이 그들을 붙잡는다.

그런 표준적인 반응에 대한 나의 표준적인 대답은 이렇다. "소아암 병동 의사가 더 힘들지요." 실제로도 그럴 거라고 나는 확신하지만, 그런 문제는 아무리 토론해봤자 별 진전이 없다. 그리고 마침내 결정적인 논리가 등장한다. 당신도 잘 아는 논리, 사람들이 내가 힘들 거라고 생각하는 이유일 듯한 그 논리가 튀어나온다. "……도와줄 수가, 그러니까 제 말은 …… 제대로 치료할 수가 없잖아요." 그 말을 시작으로 우리는 진짜 토론에 들어가고 법조인, 교사, 기자 등 다른 직업군은 흥미로운 자기 직업 이야기를 꺼낼 기회를 잃고 만다. 정신의학에서 흔한 성공 사례는 앞에서 이미 살펴보았다. 그러나 나는 이 이상한 직업 자체에 대해 좀더 이야기를 해보고 싶다.

정신과 의사가 되는 법

많은 사람이 생각하듯 처음부터 소명이 있는 게 아니라 의학 공부가 출발점이다. 요컨대 정신과 의사 역시 처음 몇 학기 동안 물리학, 화학, 생리학, 생화학을 달달 외우면서도 그게 대체 의학이랑 무슨 상관이 있는지 제대로 모른다. 모두가 그 과정을 거쳐야 한다. 그리고 정신과 의사 역시 모든 의사가 그렇듯 해부실에서 버터 빵을 먹는다고 생각하는데, 이것 역시 선입견이다. 어떤 일에도 흔들리지 않는 굳센 의학자 이미지에 잘 들어맞는 선입견이지만, 우리는 절대 해부실에서 버터 빵을 먹은 적이 없다. 그 어떤 음식도 먹은 적이 없다. 만일 그랬다면 교수가 당장 쫓아냈을 것이다. 우리는 빵을 먹지 않았어도 대체로 굳센 의사가 되었다. 그러나 여기서 중요한 사실은 정신과 의사도 처음 6년을 외과 의사나 비뇨기과 의사와 똑같이 보낸다는 것이다. 처음부터 카우치에 앉아서 인생을 고민하지는 않는다는 얘기다.

나는 정신과 과장이 되고 나서 수련의 채용 면접을 자주 보았다. 당시만 해도 과장이 면접장에 들어가서 가장 전도유망한 의사를 고를 수 있었다. 누가 지원만 해도 그저 감사한 요즘하고는 딴판인 시절이었다. 그런 면접에서 흔히 던지는 첫 질문, 즉 왜 정신과 의사가 되려고 하느냐는 질문에 지원자가 인상을 쓰면서 사춘기 시절부터 프로이트를 읽었고, 인간의 운명에 항상 마음이 끌렸으며, 의과 대학에 원서를 쓸 때부터 정신과 의사가 되고 싶었다고 대답한다면, 그는 채용 확률이 그리 높지 않았다.

어쩌면 부당한 처사였을지 모른다. 추측하건대 그 이유는 내가 그런 지원자와 완전히 달랐고, 내가 아는 대부분의 동료도 그와 달랐기 때문일 것이다. 나는 의학 전체에 관심이 있었으므로 어느 쪽을 선택할지 결정하기 힘들었다. 내과는 오래도록 마음에 두었고, 외과 역시 실습이 좋았다. 그러다 나중에는 신경과가 좋아졌다. 사실 국가 고시를 치르기 전까지 분명한 것은 하나뿐이었다. 요컨대 정신의학은 확실히 아니었다. 객관식 시험에 대비해 임상학과 전부를 똑같이 철저하게 공부할 수는 없었으므로 천재적인 우등생을 제외하면 거의 모든 학생에게는 주력 학과가 있었다. 나는 안과·비뇨기과(범위가 좁아서 필요하면 나중에 벼락치기로 따라잡을 수 있었다)와 함께 특히 정신과를 노렸다. 그나마 첫 1년은 슬쩍슬쩍 강의실에 코를 들이밀었지만, 시간이 좀 지나면서 강의를 완전히 빼먹기 시작했다. 정신과 전체를 무시했던 셈이다.

그런데도 나는 정신과 의사가 되었고, 여전히 그 결정에 상당히 만족한다. 그렇다면 내 인생은 실패일까? 아니다. 오히려 나 자신도 깜짝 놀랄 전환점이 있었음을 시사한다. 국가 고시를 끝으로 공부를 마치면 거의 모든 의사가 전공 분야를 선택한다. 그리고 병원의 해당 과에서 수련의로 일한다. 나는 신경과 의사가 되기로 했다. 그런데 독일의 신경의학은 역사적인 이유로 정신의학과 긴밀한 관련이 있다. 그래서 신경과 의사가 되려면 신경과에서 4년을 마치고 정신과에서 1년을 더 일해야 한다. 그 반대도 마찬가지다. 정신과 의사가 되려고 해도 최소 1년은 신경과에서 수련을 쌓아야 한다. 나는 내 박사과정 지도교수의 충고대로 먼저 정신의학과에서 빈둥대다가(둘이 그러기로 의견 일치를 보았다) 신경과에서 내리 4년을 계속 일하기로 했다.

하지만 정신의학이 내 계획을 망쳤다. 불과 4주 만에 정신의학이 지금껏 내가 의학 공부를 하면서 만났던 그 어떤 분야보다 재미있고 환자들과의 교류도 훨씬 만족스럽다는 사실을 깨달은 것이다. 고등학교까지 13년, 대학 6년, 수련의 6년(정신의학과 4년, 신경학과 2년)을 모두 마친 나는 절대로 꿈꾸고 싶지 않았던 사람이 되었고, 그런 나 자신이 자랑스러웠다. 나는 정신과 의사가 되었다.

정신과 의사는 생각을 읽을 수 있다?

정신과 의사의 지위는 껄끄러운 문제다. 다른 분과 의사와 환자들의 의견은 굳이 거론할 필요가 없을 것 같다. 정신과 의사를 대하는 일반인의 태도는 조심스러운 불신과 몰이해를 기본으로 깐 채 상당량의 배척과 기피, 그리고 누가 봐도 확실한 약간의 거부감과―같은 정도의―감탄이 두서없이 뒤섞여 있다. 그러나 걱정을 가득 담은 불신과 동시에 느끼는 감탄의 혼합은 상당한 폭발력을 발휘한다. 이는 정신과 의사가 사람들의 생각을 읽을 수 있다는 믿음에서 비롯된 반응이다. 물론 그게 불가능하다는 걸 모르는 사람은 없다. 가능하다는 주장이 있다면, 그건 모조리 수상쩍고 비합리적인 마법일 것이다. 지금은 중세가 아니라 자연과학의 시대다. 그러나 막상 그런 정신과 의사를 만나면 희한하게도 항상 맞는 말만 하고 나의 나쁜 속내를 꿰뚫어 보는 것처럼 아무에게도 말하지 않은—가끔은 나 자신도 미처 몰랐던—나의 바람을 알고 있다. 정말 이상하지 않은가? 아무래도 정신과 의사는……

그러면 나는 뭐라고 대답해야 할까? 그게 얼마나 비현실적인지는 당신도 이미 알고 있다. 생각 읽기란 불가능하다. 그러나 이런 문제는 또 그렇게 간단하지가 않다. 정신과 의사는 대학에서, 또 나중에 수련의로 일하면서도 인간에 대해 계속 배우지 않는가? 적어도 대충은 배우지 않는가? 인간의 반응 메커니즘 패턴을 계속해서 익히지 않는가? 작은 신호만 보고도 숨은 속내를 짐작하고, 제때 의도적으로 개입해 마음을 바꾸는 법을 배우지 않는가? 인간이 근본적으로 어떻게 작동하며, 인간을 어떻게 조종할 수 있는지를 배우지 않는가?

나의 예전 동료가 바로 그런 생각을 털어놓은 적이 있다. 아직 수련의 과정에 있을 때, 어느 날 그가 내게 말했다. "인간에 대해 우리가 알고 있는 지식을 모조리 우리한테 득이 되도록 써먹으면 재미있을 거야. 나르시시스트는 비위를 살살 맞춰주다가 득이 안 된다 싶으면 제 발에 걸려 넘어지게 내둬버리는 거야. 의존적인 성격은 든든한 버팀목이 되어 더 의존적으로 만들고, 권력자는 약점을 까발리겠다고 압박하면 동맹을 맺을 수 있어. 하긴 말 안 해도 너는 잘 알 거야. 그런 쓰레기 같은 짓들을 말이야." 그의 말을 듣고 나는 앞으로 펼쳐질 그의 탄탄한 출세 가도를 충분히 예상할 수 있었다. 실제로 그는 남들보다 빠르게 과장으로 승진했다. 그렇다고는 해도 그 모든 말이 다 헛소리인 이유는 아래의 두 가지 주장과는 아무런 상관이 없다. 첫째, 정신과 의사는 그러기에는 너무 좋은 사람들이다. (정신과 의사도 다른 사람들만큼 선하고, 다른 사람들만큼 악하다.) 둘째, 자신에게 유익하도록 인간을 조종하는 방법은 배울 수 없다. (너무나 잘 배울 수 있다.)

어쨌거나 이 모든 말이 다 헛소리인 이유는 너무나 진부하다. 인간은, 그리고 인간의 정신은 너무나도 복잡하기 때문이다. 조종하려고 한 지점에 살짝 손을 댔는데, 전혀 예상치 못한 다른 지점에 영향을 미칠 수 있다. 이런 복잡하고 체계적인 인간의 면모는 부정적 영향에 노출될 때 특히 잘 드러난다. 그럴 경우 가장 반응을 예상하기 힘들다. 더불어 몇 가지 소소한 이유가 더 있다. 조종당한다는 걸 알아차리는 순간 모든 게 끝장난다. 그리고 그걸 놀랍도록 빨리 알아차리는 사람이 많다. 앞에서 설명한 주요 이유와 관련된 또 한 가지 소소한 이유는 내 동료의 생각이 합리적·기계적이라는 것이다. 내가 바퀴 하나를 돌리면 그 옆에 있는 바퀴도 따라 돌아간다. 그건 충분히 예상 가능한 일이다. 그러나 인간과 인간의 정신은 그렇게 돌아가지 않는다. 적어도 이성만큼 중요한 것이, 아니 어쩌면 이성보다 훨씬 더 중요한 것이 감정이다. 우리는 평가와 결정을 주로 감정적으로 내린다. 그것이 단점이기도 해도 이 경우에는 너무나 쉬운 예측과 조종을 막아주는 방패가 된다.

물론 이런 감정 분야에도 조종 '재능'을 지닌 사람이 있다. 그중에 정신과 의사가 끼어 있을 가능성도 배제하기 힘들다. 하지만 우리에게 중요한 것은 정신과 의사가 할 수 있는 일이 이런 관점에서 특별한 것인지, 그리고 그들이 그 일을 할 수 있는 이유가 정신과 의사이기 때문인지 하는 문제다. 그건 그렇지 않다. 그러니 너무 겁내지 마시라. 내 동료 사이에서는—더 넓은 의미에서도—생각을 읽어내는 게 흔치 않으니 말이다. 물론 자신이 배운, 인간에 대한 상당한 지식을 직업에 활용한다고 해서 해로울 일은 없을 것이다. 그러자고 수련의 시절에 몇 가지 경험과 행동 방식 패턴을 더 배운 것이니 말이다. 하지만 거기까지다. 그게 전부다.

아무나 말을 보탤 수 있다

이제 당신이 내게 정신과 의사가 건강한 이성을 가진 보통 사람보다 더 잘할 수 있는 것이 무엇이냐고 묻는다면, 정신과에 대한 또 한 가지 흔한 선입견으로 완벽하게 넘어갈 수 있을 것이다. 정신의학은 너무 모호하고 막연해서 사실상 아무나 할 수 있다는 선입견 말이다. 앞서 진단을 다룬 단락에서 살펴보았듯 정신의학은 대부분의 다른 의학 분과와 마찬가지로 정확하다. 부정확한 것은 정신의학을 포함한 의학이 다루는 인간이다. 정신의학에서도 배워야 하는 기술이 다양하고, 그 기술을 배우지 않으면 다른 의학 분과와 마찬가지로 온갖 실수를 저지를 수 있다. 따라서 나는 누구나 슬쩍 끼어들어 도움을 줄 수 있다는 따위의 생각은 이 지구에서 완전히 추방해버리고 싶다.

사석에서 정신과 의사라고 신분을 밝히면 앞에서 언급했듯 곧바로 좌중의 중심이 되지만, 동시에 사람들은 조심스럽게 나와 안전거리를 유지하려고 한다. 처음 만난 사람들이 보이는 그런 쭈뼛대는 반응과 안전거리는 앞으로도 계속 감수하며 살아야 할 것 같다. 선입견이 너무도 굳건히 뿌리 내리고 있으니 말이다. 그건 그렇고 정신과 의사가 열심히 배운 지식을 자신의 행복을 위해 쓸 수 있다는 얘기는 그리 많이 듣지 못한 것 같다. 사람들은 정신과 의사가 방법을 잘 아니까 평균적으로 더 행복하고 더 마음이 평화로우며, 이혼율이 더 낮고 번아웃에 잘 빠지지 않을 거라고 추측한다.

인간관계와 자살 전문가

안타깝게도 현실은 다른 모습이다. 수많은 연구 결과가 의사의 자살률이 보통 사람들보다 높다는 걸 보여준다. 특히 여성 의사의 자살률이 높다. 그리고 의사 중에서도 마취과 의사와 정신과 의사의 자살률이 가장 높다. 물론 모든 연구 결과가 의학 분과별 차이를 입증하지는 않는다. 하지만 연구란 원래 그런 것이다. 명확한 결과는 드물고, 정반대 결과를 주장하는 연구도 하나쯤은 거의 언제나 있기 마련이다. 우리에게 중요한 사실은 그저 정신과 의사의 자살률이 일반인보다 절대 낮지 않으며, 어쩌면 더 높을지도 모른다는 것이다. 그런 말을 들으면 당연히 그 이유를 두고 추측이 난무할 수 있다. 일이 너무 힘든 걸까? 그보다는 일반인은 구하기 힘든 약물을 쉽게 접하고, 자살 방법에 대해서도 지식이 더 풍부하기 때문일 것이다. 나아가 정신 질환에 걸리는 빈도도 의사가 보통 사람들보다 높아서 그 질병이 자살의 주요 원인이 되기도 한다. 더구나 정신과 의사는 심리적 스트레스에 과부하가 걸리는 일이 특히 많다고 예상할 수 있다. 늘 그렇듯 여기서도 닭이 먼저인지 달걀이 먼저인지 판단하기가 쉽지 않다. 정신과 의사는 직업상 정신적인 문제를 자주 접하지만, 어쩌면 더 예민해서 정작 자신이 그런 어려움을 겪으면 타격이 더 클 수도 있다.

하지만 추측은 이쯤에서 그만하기로 하자. 확실한 것은 정신과 의사가 직업상 다른 사람들보다 정신의 메커니즘에 대해 잘 알고, 그런 문제에 대처하는 방법도 더 많이 안다는 사실이다. 하지만 그 지식이 정작 자기 삶에는 도움이 되지 않는다. 그래서 자살률이 다른 사람들보다 낮기는커녕 확실히 더 높은 것이다.

이혼율도 별반 다르지 않다. 의사 전체를 놓고 보면 다른 직업군에 비해 이혼율이 낮지만, 그중에서도 정신과 의사는 상대적으로 더 높다. 심리치료사라면 좋은 관계를 유지하는 방법을 배웠을 테고, 갈등의 경고 신호도 알아차릴 수 있고, 관계의 어려움을 치료할 수도 있을 것이다. 하지만 정작 자기 문제에는 그러지 못하는 것 같다. 인간관계 전문가, 갈등의 증상과 치료 방법의 전문가라고 해서 불화를 덜 겪는 것은 아니다. 그들이 평균적으로 더 행복한 결혼 생활을 하는 것은 아니며, 이혼율도 일반인보다 낮지 않다.

마지막으로, 번아웃은 원래 사회 복지 분야에서 과도한 업무 부담 상황을 일컫는 용어다. 그러나 지금은 의미가 확대되어 직업과 관계없이 특정 증상이 나타나면 이 말을 사용한다. 그러나 사회 복지 분야 직업군 종사자들이 특히 번아웃에 많이 시달리는 현실은 여전하다. 교사와 관련해서는 인상적인 연구 결과가 나와 있고, 간호사 역시 그러하다. '불행한 의사(Unhappy Doctors)'라는 키워드가 연구에서 많이 논의되듯 의사 역시 예외는 아니다.

흥미롭게도 노르웨이 학자들에게서는 이런 결과를 확인할 수 없다. 노르웨이 의사들은 일반인보다 더 행복하고, 그중에서도 정신과 의사가 가장 행복하다고 한다. 아마도 노르웨이에선 의사 구하기가 어렵지 않을 것 같다. 하지만 나머지 국가들의 사정은 그렇지 않다.

정신과 의사의 번아웃을 조사한 연구 결과를 본 적은 없지만, 나는 이들이 번아웃에 잘 안 걸린다고는 생각하지 않는다. 어쨌거나 우리 병원에도 번아웃으로 힘들어하는 의사들이 자주 찾아온다. 그들이 나에게 번아웃에 걸리지 않기 위해 어떤 노력을 하느냐고 물으면 나는 딱히 할 말이 없다. 어떻게 하면 되는지 잘 알지만 실천하는 것은 별로 없기 때문이다.

세상사가 그렇듯 안다고 해서 다 해결되는 것은 아니다. 인간의 정신과 그 메커니즘을 훤히 꿰뚫고 있다고 해서 자동으로 행복해지지는 않는다.

정신과 의사와 신경과 의사

우리 어머니도 내가 정신과 의사라는 걸 안다. 하지만 정신과 의사가 토론의 주제로 떠오르는 순간을 내가 좋아하는 것만큼이나 어머니는 그 단어를 입에 올리기 싫어한다. 어머니는 두 아들이 의사라는 말을 즐겨 하고, 그럴 때면 얼굴 가득 자랑스러운 표정이 실린다. 하지만 누군가 그것으로 만족하지 못하고 성가신 질문을 덧붙여도 기껏해야 '신경과 의사'라는 대답만 던질 뿐 더는 설명하지 않는다. 그 대답이 형한테는 맞지만, 나한테는 전혀 맞지 않는데도 말이다.

정신과와 신경과의 교육 내용 차이는 앞에서 이미 설명했다. 해당 분과의 전문 분야에 관해 말하자면, 신경과 의사는 대체로 손으로 만질 수 있는 것을 다룬다. 신경, 근육, 혈관을 비롯한 뇌의 조직, 면역계, 유전자 등이다. 검사 방법 역시 그런 신체 부위에 맞추어져 있다. 신경과 의사는 여기저기 쑤셔댄다. 근육을 찌르고, 뇌척수액이 흐르는 공간을 헤집는다. 반사 반응을 일으키기 위해 힘줄을 때리기도 하고, 뇌 신경세포나 뇌 바깥의 개별 신경에서 전기 자극을 끌어내기도 한다. 신경과 의사는 신경이 전기 자극을 얼마나 빠르게 전달하는지에 관심을 보인다. 신경세포가 자극을 전달하고 근육을 움직이고 신경 신호를 뇌로

전달하는 것 말고, 다른 일도 한다는 생각은 거의 하지 않는다.

신경과 의사는 신경 경로, 근육 배열, 두뇌 부위의 조직과 기능은 물론 그것들의 복잡한 상호 작용에 대해 놀랄 정도로 상세히 알고 있다. 그리고 정신과 의사가 하는 일을 매우 불신할 때가 많다. 신경세포가 생각을 한다니, 아니 그걸로는 모자라서 우울증에도 관여한다니, 말만 들어도 의심스럽다. 신경과를 찾아가야 하는 질병으로는 뇌졸중, 간질, 파킨슨 증후군, 뇌종양, 뇌 조직과 척수 조직 감염, 다발성 경화증, 신경 장애로 인한 근육병, 마비나 통증 증후군, 편두통 등의 두뇌 외부 신경 장애가 있다. 신경과 의사는 가령 뇌종양 제거 수술을 할 때는 신경외과 전문의와 긴밀하게 협조하며, 혈관이 좁아져서 신경 부위에 충분한 혈액이 공급되지 못할 때는 척추외과 전문의와 협력한다.

앞에서도 말했듯 많은 신경과 의사가 정신과 의사와 팽팽한 긴장 관계에 있다. 정신과 의사는 정신과 그 장애를 다룬다. 그러나 아무리 열심히 검사해도 신경과 의사는 '정신'을 찾아내지 못한다. 정신이라는 그놈을 톡톡 두드려 뛰어다니게 만들 수도 없다.

정신과 의사가 다루는 질병이 복잡한 이유는 다수의 질병이 신경과 소관 문제와 정신과 소관 문제가 어우러져 나타나며, 두 분과가 서로의 지식으로 아주 큰 도움을 받을 수 있기 때문이다.

파킨슨병 말기, 다발성 경화증, 기타 수많은 질환에서 환자는 정신적 장애를 겪는다. 반대로 많은 정신 질환에서 신경학적 측면이 큰 역할을 한다. 치매만 떠올려봐도 그렇다. 치매를 이해하자면 신경학 지식이 꼭 필요하며, 조기 발견을 위해서도 정신과 검사보다 신경과 검사가 더 중요하다. 물론 치료는 정신과의 몫이다. 중독 질환도 그와 비슷하다.

신경과 의사와 정신과 의사는 형제자매하고 비슷하다. 가깝고도 먼 사이이다. 한 식구지만 다르다.

정신과 의사와 심리학자

정신과 의사와 심리학자의 구분은 좀더 간단할 것 같다. 기본적인 차이점을 들면, 심리학자는 심리학을 공부했고 정신과 의사는 의학을 공부했다. 하지만 그렇게 확실하다면 왜 심리학자와 정신과 의사를 번번이 헷갈리는 걸까? 이럴 때는 두 직업군이 대학에서 배운 내용을 살펴보면 도움이 된다. 심리학은 인간의 행동과 경험을 학문적으로 연구한다. 인간의 경제적 행동은 물론 이혼의 원인과 빈도 또한 연구 대상이다. 시각과 청각의 기초를 철저히 자연과학적으로 접근하기도 한다. 내 동료 한 사람은 전문적인 음악 연주가 두뇌 및 두뇌 발달에 미치는 영향을 연구한다. 또 다른 동료는 비웃음을 당할지 몰라 불안해하는 사람들을 연구한다. 또 다른 여성 동료는 '동기'의 요건을 연구한다. 심리학의 연구 분야는 이렇듯 광범위하다.

의학도 마찬가지다. 의사도 전공 분야를 결정하기까지 실로 다양한 전문 주제를 배운다. 안과, 산부인과, 조산과(助産科), 정형외과, 정신과 등 많은 분과의 기초를 배운다. 그들이 배우는 지식은 일차적으로 신체와 신체 기능의 장애, 질병에 관한 것이다.

그런데 정신 장애 분야를 생각하면 문제가 복잡해진다. 심리학과 의학 모두 이 분야를 다루기 때문이다. 심리학에서 이 문제를 취급하는 전문 분야는 임상심리학(Clinical Psychology)이고, 의학에서는 정신의학(Psychiatry)이다. 둘 다 인간 경험과 행동의 기초와 그 장애를 다룬다. 심리학과 의학 모두 전문 과정을 마치면 적어도 한 가지 심리 치료법을 익히는데, 요즘은 공히 병원이나 상담 센터를 열어서 정신 장애 환자를 치료할 수 있다.

정신과 의사는 배낭에 의학 지식과 기술을 넣고 다닌다. 신체검사를 할 수 있고 약물 작용의 일반 원칙에 대해 잘 안다. 채혈하고 그 결과를 평가할 수도 있다. 심리학자의 배낭에는 심리학 지식과 기술이 들어 있다. 사회적 환경과 직업 그리고 인간관계가 환자의 건강과 맺는 상호 작용에 대해 잘 알고 심리 검사법을 의미 있게 활용할 줄 안다. 또 보통은 전문적인 심리 치료법을 정신과 의사보다 더 많이 교육받았다.

그러나 이 두 분과의 동료들이 내게 절교 선언을 할지도 모르니 이 말은 하고 넘어가야겠다. 요컨대 요즘은 당연히 심리학자도 약물 교육을 받고, 정신과 의사도 '생물심리사회 모델(Biopsychosocial Model)'에 따라 일하며 심리적 기제에 대해서도 어느 정도 알고 있다. 여기서는 차이를 설명하는 것이 중요하다. 신경과 의사와 정신과 의사의 관계하고는 반대로 심리학자와 정신과 의사의 관계는 생물학적 자녀와 입양 자녀의 관계를 닮았다. 싸우지 않을 때는 형제자매처럼 잘 지내지만, 가족의 배경은 다르다. 둘 중 누가 친자녀고 누가 입양 자녀인지는 알려고 하지 마라. 가족 내에서도 누가 더 영향력이 있는지, 누가 가족을 이끌어야 하는지를 두고 다툼이 일 듯 정신 의료 기관에서도 정신 질환 환자가 누구 담당인지를 두고 다툼이 생긴다. 이를 직업 간 정치 싸움이라고 부르는데, 상당히 짜증 나는 일이다.

정신과 의사와 심리치료사

여기까지만 해도 이미 상당히 헷갈리는데, 한 가지가 더 추가된다. 마지막으로, 심리치료사라는 용어를 살펴보기로 하자. 심리치료사는 심리학자, 정신과 의사를 잇는 제3의 직업일까? 심리치료사는 별도로 심리 치료를 공부해야 한다는 의미에서 독자적인 직업은 아니다. 앞에서 살펴본 심리학자나 정신과 의사(때로는 다른 직업군의 동료)가 하나 혹은 여러 가지 심리 치료법을 익혀 이를 주로 사용할 때 우리는 그를 심리치료사라고도 부른다.

그러니까 앞으로 자신을 심리치료사라고만 소개하는 심리치료사를 만나거든 어떤 교육을 받았는지 물어보는 것이 좋다. 의학을 공부했는지(즉, 심리치료사로 활동하는 정신과 의사인지), 아니면 심리학을 공부했는지(즉, 심리학 심리치료사인지) 물어보자. 때로 신학자나 사회복지사, 특별히 심리 치료법을 배운 사람도 있다. 이들이 꼭 수준 낮은 심리치료사는 아니어도 어쨌든 정신과 의사나 심리학자와는 다른 교육을 받은 것은 분명하다.

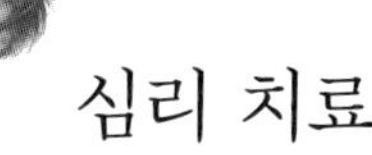

심리 치료

정신의학의 우아한 측면

심리 치료는 정신의학의 살짝 우아한 측면이다. 약물이나 강제도 없고, 광선 요법이나 수면 제한 요법 같은 생물학적 조치도 없다. 그저 환자와 대화를 나누며 해로운 행동 방식의 원인을 추적하고 새로운 행동 방식을 찾아내려 노력한다. 물론 대화가 우선이지만 행동 훈련이 추가되기도 하며, 마지막으로 신체 훈련을 포함하는 방법도 있다. 멋질 것 같지 않은가?

하지만 이런 우아한 측면이 반드시 모든 환자에게 올바른 치료법은 아니라는 사실을 잊지 말자. 많은 질환에서 약물이 결정적 도움을 준다. 환자의 심리 치료 토대를 약물이 제공할 때도 많다. 진단 및 '감별 진단(Differential Diagnosis)' 역시 항상 심리 치료가 발을 딛고 설 수 있는 토대다. 뇌종양이 있는 줄 모른 채로 무조건 심리 치료를 해봤자 별 소용이 없는 것이다. 이럴 때는 증상의 원인을 꼼꼼하게 기술적으로 밝혀야 한다. 하지만 이런 토대를 구축하고 정신 질환 외에 다른 질환의 가능성을 모두 배제한다면, 그리고 세심한 진단을 내려 약물 사용 여부를 확정한다면, 심리 치료는 매우 효과적인 방법일 수 있다.

심리 치료를 하면 정신과 의사나 심리학자는 심리치료사가 된다. 심리 치료와 약물 중 어느 것이 더 낫냐는 질문을 나는 참 많이 받는다. 내 대답은 라디오 예레반 농담〔Radio Yerevan Jokes: 권위주의 사회에서 정치적·사회적 문제를 재치 있게 비틀어 표현하는 것으로, 구소련 시절에 유행한 풍자적 유머. 아르메니아의 수도 예레반에서 방송된 라디오 프로그램을 패러디한 것에서 유래했다—옮긴이〕과 비슷하다. 약물일 때도 있고 심리 치료일 때도 있다. 전적으로 상황에 달려 있다. 둘 다 처방하는 경우도 매우 흔한데, 물론 둘 다가 반드시 둘 중 하나보다 더 나은 것은 아니다. 정신과의 도움이 필요한 상황에서 가장 좋은 방법은 정신과 의사나 심리학자를 찾아가 차분히 의논하는 것이다.

정신분석가, 그건 또 뭐죠?

정신분석이라는 말을 들으면 어떤 장면이 제일 먼저 떠오르는가? 프로이트의 카우치가 생각났는가? 아니면 당신이 어린 시절의 항문기 발달을 제때 잘 끝마쳤는지 잠시 고민했는가? 그도 아니면 우디 앨런의 영화가 생각났는가? 나는 당신이 실망하지 않기를 바란다. 요즘 심리 치료는 카우치에 누워서 하지 않는다. 내 여성 동료 한 사람은 심지어 환자들에게 이런 말을 하곤 했다. "치료는 내가 아니라 환자가 하는 겁니다." 그녀는 행동치료사였는데, 설령 행동 치료라고 해도 그 말은 꽤 도발적으로 들린다. 하지만 또 한편으로는 일리가 영 없지는 않다.

정신분석은 정신 질환 환자의 치료에 혁신을 몰고 왔다. 이런 발전을 불러온 천재적인 선구자 프로이트는 20세기 초에 정신의 건강한 발달과 그 발달의 장애라는 관념을 확립했다. 이 단락에서 프로이트의 이론을 요약하는 것은 상당히 주제넘은 짓이다. 또 정신분석이 무엇인지를 제대로 설명하자면 프로이트로 그쳐서는 안 될 일이다. 따라서 나는 여러 가지 심리 치료 방법의 기본 개념을 짧게 훑어보는 것으로 만족하고자 한다. 현재 심리 치료는 크게 세 학파로 나뉜다. 심층심리학적 치료, 분석적 치료, 행동 및 체계적 치료가 그것이다. 인본주의-실존주의 치료와 신체 지향 치료를 각각 네 번째, 다섯 번째 학파로 보는 사람도 많다. 그러나 이 둘은 다른 이론에서 탄생한 여러 방법을 상위 개념으로 묶은 것이기 때문에 여기서는 처음의 세 학파에 대해서만 살펴볼 것이다.

정신분석이 정신 질환을 설명하는 방식

정신분석부터 시작해보자. 정신의 발달은 신생아에서 성인에 이르기까지 모든 인간에게 똑같이, 아니 적어도 비슷하게 통하는 특정 규칙을 따른다는 게 프로이트의 주장이다. 따라서 성장은 단계별로 일어나며, 그 각 단계는 모든 인간에게서 비슷하게 확인할 수 있다. 그리고 각 단계는 그 시기에 중요한 역할을 하는 기본 욕구로 구분된다. 프로이트는 이런 이론을 세상에 처음 알린 사람이고, 그 뒤를 이어 수많은 학자가 그의 이론을 발전시켰다.

언뜻 추상적으로 들리는 이 이론의 바탕을 조금 더 구체적으로 파악하기 위해, 우리 모두가 경험했던 성장 과정의 필름을 한번 빠르게 돌려보자. 아기가 태어난다. 그 아기가 처음으로 느끼는 기본 욕구는 무엇일까? 왜 우리는 제일 먼저 식욕을 떠올릴까? 방금 엄마 배 속에서 미끄러져 나온 발가벗은 아기를 상상해보자. 사실 자연 분만으로 태어난 아기라면 미끄러져 나온다기보다 쥐어짜이듯 고통스럽게 밀려 나온다는 표현이 더 옳겠다. 엄마 배 속은 따뜻했다. 아기는 엄마 배 속에서 엄마와 하나였다. 따라서 바깥의 적대적 환경에 노출된 아기의 첫 번째 욕구는 보호, 온기, 친밀함이다. 지금까지는 전혀 필요하지 않았던 힘든 일을 갑자기 스스로 해야 하니 아기는 괴롭기 그지없다. 호흡이 대표적이다. 아기는 엄마의 피부가 전해주던, 또 엄마의 심장 박동을 듣고 느끼며 품었던 그 근본적인 안정감이 필요하다. 사실 아기는 아무것도 안 하고 싶다. 헐떡이며 숨을 쉬고 싶지도 않고, 젖을 빨고 싶지도 않고, 울고 싶지도 않다. 엄마 배 속에서 엄마의 체온을 느끼고, 엄마 냄새를 맡고, 익숙한 엄마의 호흡과 맥박 소리를 듣고 싶다. 한마디로 태어나기 전으로 돌아가고 싶다.

하지만 그것은 불가능하다. 세상은 온갖 요구를 해댄다. 그 중 두 가지가 허기와 갈증이다. 그러니 이제 그걸 달래기 위해 무언가를 해야 한다. 그렇게 우리는 두 번째 발달 단계로 접어든다. 프로이트는 이 단계를 '구순기'라고 불렀다. 음식은 입을 통해 섭취하기 때문이다. 이제 아기는 배를 채우려면 자신을 극복하고 행동해야 한다. 젖을 빨고 삼켜야 한다. 그리고 곧바로 깨닫는다. 이거 완전 괜찮은데! 재미도 있군. 기분도 좋아지고, 허기와 갈증도 사라지네! 따라서 이 단계는 낙원으로부터의 추방이 아니라 새로운 세상으로의 이주인 셈이다. 그리고 나름의 매력도 있다.

다음 단계 역시 불쾌감과 노력을 동반한다. 신체 분비물, 즉 대변·소변과 관련된 단계이므로 프로이트는 이를 '항문기'라고 불렀다. 지금까지는 오줌 싸기가 아주 쉬워서 아기가 특별히 할 일은 없었다. 어디에 있건 그냥 나오는 대로 싸면 그만이었다. 광고가 아무리 세상에서 가장 흡수력이 뛰어난 기저귀라며 허풍을 떨어도 이 나이 때에는 오줌이나 똥을 싼다고 해서 특별한 일이 벌어지지 않는다. 기저귀를 갈면 그뿐이다. 모든 게 다시 깨끗하고 보송보송해진다.

그러다가 어느 날 갑자기 세상은 오줌과 똥을 정해진 시간에 싸기를 기대한다. 아기를 키워본 부모라면 다 알고 있듯 배변도 훈련이 필요하다. 처음에 아기는 그런 요구가 의아하다. 그래서 반항하며 정해진 시간이 아닌데도 큰 볼일, 작은 볼일을 봐버린다. 그게 훨씬 편하기도 하다. 하지만 시간이 지나면서 아기는 새로운 규칙의 장점을 터득한다. 일단, 엄마가 좋아한다. 그리고 예전과 달리 많은 걸 통제할 수 있다는 사실이 즐겁기도 하다. 언젠가부터 장점이 단점을 앞질러 아기는 화장실 이용법을 터득

한다. 배변 통제를 이용해 매우 쉽게 설명할 수 있는 이 과정은 전체 발달의 일부에 불과하지만, 사실은 그 이상의 의미가 있다. 발달의 드라마는 항상 충동의 연기와 통제를 중심으로 벌어지기 때문이다. 모든 욕망을 당장 충족하지 않고 기다리는 법을 배워야 하는 것이다. 처음에는 불쾌하다. 하지만 아기는 그 과정을 통해 통제하는 법을 배우며, 자신의 욕망을 적극적으로 조절하고 나아가 보호자를 만족시키는 법을 배운다. 그건 멋진 일이다.

프로이트의 도식은 여기까지 얘기하기로 하자. 우리의 목적은 정신분석 일반을 설명하는 것이 아니라, 정신분석 치료법의 배경을 이루는 기초 이론을 이해하는 데 있으니 말이다. 위에서 사례로 든 구순기와 항문기 외에도 프로이트의 이론에는 남근기, 잠복기, 생식기가 더 있다. 다른 학자들이 나서서 이 모델을 손보았는데, 가령 앞서 설명한 첫 발달 과정을 의도적 단계로 강조한 이들도 있었다. 프로이트와 같은 시대를 살았고 초기에는 그를 비판하기도 했던 하랄트 슐츠 헨케(Harald Schultz-Hencke)는 항문기를 더 잘게 쪼개서 특수 요도기(Special Urethral Stage: 항문기와 남근기 사이의 세부 발달 단계를 통해 자기 능력감, 자기 주도성 등을 설명하기 위해서 몇몇 정신분석가들이 사용한 용어—옮긴이)를 추가했다. 하지만 우리 책에서는 별로 중요하지 않은 사실이다.

갈등, 사방 천지가 갈등

앞에서 언급한 내용이 정신적 문제가 생겨 정신과 의사를 찾아가는 성인과 무슨 관련이 있는지 알아보려면, 모든 사례에 공통점이 있다는 사실을 알아야 한다. 아기나 어린아이는 차츰 편하기 그지없는 상태에서 벗어난다. 새로운 요구가 등장하고, 그 요구에 부응해 다시 행복해지는 길을 찾아야 한다. 다시 한번 항문기의 사례를 살펴보자. 이제 더는 그냥 싸지 못한다. 통제가 필요하다. 하지만 통제만 해서는, 참기만 해서는 건강하지 않다. 따라서 정신분석 이론에서는 이를 극복해야만 하는 갈등이라고 부른다. 이를테면 내버려두는 능력과 붙잡아두는 능력의 갈등이다. 계속해서 그냥 내버려두는 것도 건강한 발달은 아니며, 내버려두지 못하고 붙잡기만 해서도 문제가 생긴다. 그러므로 내버려두기와 붙잡기의 갈등을 가장 적당한 시기에 가장 알맞게 풀어내는 게 관건이다.

이쯤에서는 아마 당신도 정신분석 모델이 성인들과 무슨 관련이 있는지 이미 파악했을 것이다. 요컨대 정신분석 이론은 이런 갈등의 발달에서 장애가 나타날 수 있다고 주장한다. 각 단계에서 갈등을 제대로 해소하지 않으면 나중에 비슷한 문제를 만났을 때 다시금 장애가 발생한다. 성인의 삶에서는 많은 것이 이런 내버려두기와 붙잡기의 갈등과 관련 있다는 사실을 생각하면, 무엇이 문제인지 금방 파악할 수 있다. 물론 대부분은 구순기와 항문기의 직접적 신체 과정이 아니라 일상과 인간관계의 갈등이다. 병적 질투심은 과도한 통제의 한 가지 형태로 보인다. 다시 말해, 상대를 내버려두지 못하는 것이다. 반대로 친구나 파트너와 성숙한 관계를 맺지 못하는 사람은 붙잡는 능력이 없다는 증거다. 반복되는 통제 강박 역시 내버려두기와 붙잡기의 기본적 갈등이 문제의 원인이다.

정신분석 이론과 실제 치료

성인의 문제가 풀리지 않은 어린 시절의 갈등 탓이라는 주장을 받아들인다면, 치료의 첫걸음은 그 갈등과 최선이 아니었던 해결책을 찾아내는 것이다. 따라서 정신분석에서는 이따금 **걷어내는** 방법이라는 말을 사용한다. 그 반대는 **덮는** 방법이 아니라 **연습하는** 방법인데, 이에 대해서는 뒤에서 살펴볼 것이다. 심리치료사는 우선 자기 환자와 함께 어린 시절 이야기를 많이 나눌 것이다. 그걸 통해 부모와의 관계가 어떠했는지, 강요와 사랑은 어느 정도였는지, 부모와 형제자매는 물론 타인에 대한 애정을 어떻게 키웠는지 알아낸다. 심리치료사는 위에서 설명한 이론을 바탕으로 환자의 발달을 계속 추적할 것이다. 내버려둘 때는 어디서 문제가 생겼으며, 통제할 때와 통제받을 때는 어디에 문제가 있었는지도 살필 것이다.

경험으로 미루어볼 때, 유년기에 갈등을 잘 해결하지 못했더라도 어느 정도는 나중에 바로잡을 수 있다. 물론 이때의 갈등 주제는 신체 분비물이 아니라, 성인의 삶에서 마주하는 온갖 문제다. 먼저 환자가 갈등을 깨달은 후 그것과 씨름하면서 치료가 성공을 거두면 어린 시절의 갈등도 해결될 것이다. 그리고 마지막으로 한 번 더 항문기의 사례를 들여다봄으로써 환자는 이제 자유와 통제를 잘 조절할 수 있다. 배우자에게 더 많은 자유를 허락하면서 사사건건 통제하지 않으면 배우자가 떠날지 모른다는 불안에 떨지 않을 수도 있다.

정신분석 방법에 대해서는 두 가지 측면을 더 언급할 필요가 있다. 까마득한 시절의 사건을 재생하는 과정에서 심리치료사는 반복적으로 옛 보호자의 역할을 떠맡는다. 요컨대 심리치료사가 어머니나 아버지를 대신한다. 이는 갈등의 정서적 해결을 환자가 너무 추상적으로 느끼지 않게끔 도와주는 중요한 방법이다. 심리치료사는 그런 상황에 잘 대처하고 환자에게 도움을 주기 위해 특수 교육을 받았고, 그 과정 전체를 자신을 대상으로 연습한 사람이다.

예전엔 환자가 누운 자세로 정신분석 치료를 받았다. 환자는 앞서 언급한 저 유명한 카우치에 편안하게 눕는다. 프로이트가 해보니 그 자세가 환자의 자유 연상에 도움을 주었다. 그 자세에서는 치료사의 얼굴을 보지 않아도 되므로 환자가 과거를 거침없이 떠올리고 생각과 감정을 자유롭게 펼칠 수 있었다. 그러나 요즘은 치료사와 환자가 마주 앉는다. 물론 그래도 앞에서 설명한 치료의 기본 개념엔 변함이 없다. 그냥 그러는 게 더 간편하고 시대에도 맞을 뿐이다. 요즘에는 **정신분석**이라는 말 대신 **정신역동**(Psychodynamic: 인간의 마음과 행동을 의식·무의식의 상호 작용, 내적 갈등, 과거 경험의 영향 등을 통해 이해하려는 정신분석의 관점—옮긴이) 혹은 **심층 심리**라는 용어를 사용하기도 하는데, 세 가지 개념은 대체로 같은 뜻이다.

최근에 한 동료가 낮잠을 자려고 원무과에 카우치를 요청했는데 거절당했다며 내게 불평을 털어놓았다. 그래서 나는 원무과에 정신분석 치료를 하는 데 카우치가 필요하다고 말해보라고 충고했다. 하지만 그는 내 충고가 도움이 안 될까 봐 걱정했다. 요즘은 원무과에서도 정신분석 치료를 앉아서 한다는 걸 다 알기 때문이다.

행동 치료는 뭐라고 할까

당신은 마지막으로 다리에 붙은 거미를 잡아서 그 고운 털을 쓰다듬어본 게 언제인가? 한 번도 그래 본 적이 없다고? 착각이다. 어릴 적에는 당신도 별생각 없이 거미를 잡고 만졌을 테니 말이다. 당신은 거미를 보면 성큼 손을 뻗어 쥐었을 것이다. 당신보다 크지 않은 개는 무서워하지 않고 만지며 같이 놀았을 것이다. 당신은 그 모든 행동을 거침없이 했을 것이다. 엄마가 그런 당신을 발견하고는 깜짝 놀라 비명을 지르기 전까지는 말이다. 엄마의 비명에 겁이 난 당신은 잽싸게 거미를 던져버렸을 것이다. 그 사건을 통해 당신은 거미가 손으로 잡아서는 안 되는 무서운 존재이며, 사람들이 큰 거미를 보면 놀라 비명을 지른다는 사실을 배울 것이다. 엄마가 그렇게 반응하는 것을 보니 어쩌면 거미가 위험할 수도 있다고 말이다. 그렇다면 거미 공포증은 학습된 행동일까? 아니면 유전자에 박혀 있는 진화생물학적 요인이 영향을 미치는 걸까? 이에 대해서 여전히 논란이 많다. 그래도 어쨌든 학습된 행동이 큰 역할을 하므로 심리 치료는 이 행동을 목표로 삼는다.

행동은 기능적 행동과 비기능적 행동으로 나눌 수 있다. **기능적 행동**은 당신의 삶에 유익한 행동이다. **비기능적 행동**은 행복하고 편안한 삶을 방해하는 행동이다. 행동 치료의 기본 가정은 우리가 과거에 (가령) 어머니의 반응을 보고서 비기능적 경험과 행동을 학습했다는 것이다. 하지만 학습에는 모델을 통한 방식만 있는 게 아니다. 수많은 방식이 있다. 핵심은 한 번 학습한 것도 잊을 수 있다는 사실, 더 정확히 말하면 **재학습**할 수 있다는 사실이다.

따라서 행동 치료는 본질적으로 재학습 치료다. 이를 통해 장애의 심층 원인이 뒤로 밀려난다. 증상 혹은 더 정확히 말해 비기능적 행동이 치료 대상이다. 이 치료법은 특정 포비아(Phobia), 즉 공포증에 특히 효과가 좋다. 포비아란 어떤 대상 혹은 상황과 관련한 두려움을 말한다. 원칙적으로 보면, 모든 대상과 상황이 그런 특별한 공포증을 일으킬 수 있다. 아래에 그런 특정 포비아 몇 가지를 소개하는 것은 순전히 재미를 위해서다. 물론 이 모든 공포증에는 학명이 있다.

- 진드기 공포증 또는 기생충 공포증(Acarophobia)
- 광장 공포증(Agoraphobia)
- 선단 공포증(Aichmophobia)
- 고소 공포증(Acrophobia)
- 물 공포증(Aquaphobia)

- 세균 오염 공포증(Bacteriophobia)

- 폐소 공포증(Claustrophobia)

- 적면 공포증(Erythrophobia)

- 천둥번개 공포증(Keraunophobia)

- 대변 공포증(Coprophobia)

- 결벽증(Mysophobia)

- 어둠 공포증 또는 밤 공포증(Nyctophobia)

- 공포 공포증(Phobophobia)

- 동물 공포증(Zoophobia)

- 사회 공포증(Socialphobia)

사실 '공포증'이라 해도 대부분은 별문제를 일으키지 않는다. 당신이 이유가 무엇이건 코끼리가 무섭다 해도 사는 데 별 지장은 없다. 동물원에 안 가면 그뿐이고, 가더라도 코끼리 쪽으로 안 가면 된다. 사파리도 마찬가지다. 그런 곳에만 가지 않으면 코끼리 포비아가 있어도 아주 잘 살 수 있다. 따라서 당신은 포비아의 대상(혹은 상황)을 피할 수 있다. 바로 이런 **회피 행동**이 포비아의 전형적인 판단 기준이다. 코끼리는 문제가 안 되지만 피하기 힘든 상황이 있다. 가령 당신에게 비행 공포증이 있다고 치자. 그러면 비행을 피할 것이다. 그걸 견딜 수 있을까? 물론 출장 갈 때마다 비행기를 타야 하는 직업이 아니라면 그럭저럭 견딜 만할 것이다.

유명한 축구 선수 데니스 베르흐캄프(Dennis Bergkamp)가 그랬다. 전성기에 그는 영국 프리미어 리그의 FC 아스널에서 뛰었다. 당연히 그가 유명해진 이유는 축구 선수로서 성공 가도를 달렸기 때문이다. 네덜란드 국가 대표, 챔피언스 리그, 챔피언십 등등 그 시절 베르흐캄프는 최고 선수 중 한 명이었다. 하지만 문제가 있었다. 비행 공포 탓에 국제 대회 원정 경기를 뛰지 못할 때가 많았다. 1995년부터는 아예 비행기에 탑승하지도 못했다. 그가 프로 선수 생활을 마친 때가 2006년이었는데, 그렇게 오랜 세월 비행기를 타지 못했다는 것은 그 자체로 선수 생활에 엄청난 제약이었을 것이다.

한 가지 사례를 더 들어보자. 그리고 이 사례를 통해 행동 치료가 비기능적 행동을 어떻게 다루는지도 알아보자. 가령 당신에게 엘리베이터 공포증이 있다. 꼭 공포증이 없다고 해도 엘리베이터를 탔을 때 느끼는 그 불편한 마음은 다들 잘 알 것이다. 하지만 이건 진짜 공포증이다. 당신은 어떻게 해서든 엘리베이터를 타지 않으려고 애를 쓸 것이다. 당연히 불편이 이만저만 아니다. 높은 층에서 미팅이 잡히면, 짐을 가득 들고 호텔 20층 방에 올라가야 한다면, 다리를 다치기라도 한다면 정말 너무너무 힘들 것이다. 그럼 어쩌면 좋을까?

행동 치료는 매우 방법론적으로 접근한다. 일단 정확한 행동 분석을 시행한다. 즉, 심리치료사는 공포증이 언제 찾아오는지, 경과가 어떤지, 어떤 환경에서 증상이 심해지는지, 지금까지 문제를 해결하기 위해 어떤 노력을 했는지 등등을 정확히 알고자 한다. 어쩌면 다음번에 그런 상황이 닥쳤을 때 당신의 감정과 행동을 기록하라고 요구할지도 모른다.

다음 단계는 심리 교육이다. 사실 이 말은 좀 어설프다. 교육하고는 아무 상관이 없기 때문이다. 우리는 교육받아야 할 아동이 아니다. 심리 교육의 핵심은 특수한 상황 또는 대상에 대한 지식을 전달하는 것이다. 알기만 해도 도움이 될 수 있다. 치료사는 환자에게 엘리베이터에는 비상 로프가 있으므로 추락하는 일이 극히 드물며, 안에 갇히더라도 비상벨을 누르면 금방 사람이 달려온다고 설명한다. 때로는 상황이나 대상에 대해 새로운 사실을 알게 되는 것만으로도 공포증을 극복할 수 있다. 치료사가 전달하는 지식은 상황이나 대상에 국한되지 않는다. 치료사는 공포증의 본질에 대해서도 가르친다. 공포는 어떻게 생기는지, 유익한 공포가 어떻게 비기능적으로 변할 수 있는지를 자세히 알려준다. 그런데 앞에서도 말했듯 지식은 큰 도움이 될 수 있지만, 대부분 그것만으로는 충분하지 않다. 새로운 행동을 연습하고 과거의 비기능적 행동을 잊어야 한다. 어떻게?

괴테의 고소 공포증

스무 살의 요한 볼프강 폰 괴테는 그 방법을 알았다. 그는 고소 공포증을 혼자서 잘 치료했는데, 1770년 슈트라스부르크 대학에 다니던 시절, 강철 같은 의지로 공포를 이겨내며 열심히 슈트라스부르크 대성당 탑에 올랐다. 당연히 쉽지 않았다. 엄청난 노력이 필요했다. 그래도 그는 성공했다.

그 성공담이 《시와 진실》 9권에 적혀 있다.

나의 건강 상태는 내가 하고 싶고 또 해야 마땅한 모든 일을 충분히 뒷받침할 수 있었다. 다만 아직은 여전히 살짝 예민해서 항상 균형이 잡힌 상태는 아니었다. 시끄러운 소리는 귀에 거슬렸고 병적인 대상을 보면 구역질과 혐오감이 솟구쳤다. 특히 무서운 것은 높은 곳에서 아래를 내려다볼 때마다 나를 덮치는 현기증이었다. 이 모든 결함을 나는 털어내려 노력했다. 시간을 잃고 싶지 않았기에 다소 과격한 방식으로 말이다. 매일 저녁 군인들의 귀영(歸營) 나팔 소리가 울리면 나는 엄청난 소용돌이와 충격으로 가슴속에 있는 심장을 파열시킬 것 같은 한 무더기의 북과 나란히 걸었다. 그러다 나 혼자서 대성당 탑의 가장 높은 꼭대기에 올라가 사람들이 단추나 왕관이라 부르는 지점의 아래쪽 '목'에 한 15분쯤 앉아 있었다. 그러고는 다시 용기를 내어 바깥으로 나와 탁 트인 허공으로 발을 내디뎠고, 그곳 사방 한 치도 채 안 되는 네모진 평평한 판 위에 딱히 붙들 곳도 없이 서서 발밑으로 펼쳐진 끝없는 땅을 내려다보았다. 그러고 있노라면 코앞의 풍경과 장식에 가려 성당이며 내가 발 딛고 선 것들이 보이지 않았다. 열기구를 타고 허공에 둥실 떠 있는 것 같았다. 나는 그런 인상이 정말로 아무렇지도 않을 때까지 그 같은 공포와 고통을 되풀이했다. 그랬더니 그 후로는 산에 올라 지리 공부를 할 때도, 또 큰 건물에서 사람들보다 먼저 가려고 바깥으로 튀어나온 발코니와 추녀 돌림띠로 나가 달릴 때도 그런 사전 연습 덕을 톡톡히 보았다. 그랬다. 나는 로마에서 중요한 예술 작품들을 더 자세히 보려고 그 비슷한 모험을 했다.

괴테가 그랬듯 현대의 치료법 역시 공포를 일으키는 상황에 자신을 내던진다. 물론 요즘에는 그런 **노출**(Exposition) 치료에 들어가기 전 대부분 긴장 완화법을 연습한다. 공포를 유발하는 상황에 노출된 환자에게는 새로운 대응 무기가 필요하다는 생각에서 나온 발상이다. 환자가 두려움을 이기고 엘리베이터에 발을 들여놓으면 공포가 밀려올 것이다. 그럴 때 보통은 이 공포에 대처할 방법이 필요하다. 환자들이 많이 활용하는 긴장 완화법은 미국 의사 에드먼드 제이컵슨(Edmund Jacobson)이 개발한 점진적 근육 이완법(Progressive Muscle Relaxation, PMR)이다. 자율 훈련법(Autogene Training)도 효과가 좋지만, 이 역시 핵심은 규칙적인, 그러니까 매일 빠짐없는 연습이다.

그러니까 이제 환자는 자신의 공포증에 대해 모든 것을 알고, 공포의 상황이나 대상에 대해서도 제법 알며, 공포가 닥칠 때 그걸 줄이는 방법도 배운다. 그러면 괴테를 모범으로 삼아 공포증에 자신을 내던져야 할 차례다. 즉, 자신을 노출해야 한다. 따라서 이 치료 단계를 '노출 치료'라고도 부른다. 이 단계부터는 치료를 이어나갈 기본적인 방법이 대략 두 가지 있다.

하나는 괴테가 했던 방법이다. 큰 자극에 자신을 던지는 것이다. 그래서 이 방법은 **홍수법**(Flooding)이라고도 부른다. 공포를 불러일으키는 자극이 범람해 환자를 삼켜버리기 때문이다. 요즘에는 보통 치료사가 옆에서 지켜보고 있다. 그래서 크게 위험하지는 않다. 한 사람은 왼쪽에서, 또 한 사람은 오른쪽에서 엘리베이터 안으로 들어간다. 환자에게 공포가 밀려오겠지만 잠시 후에는 이내 잦아들 것이다. 환자가 굳이 초인적 힘까지 발휘하지 않아도 되게끔 교육받은 동반자와 이미 익힌 긴장 완화법이 도움을 줄 것이다. 이를 충분히 반복한다면 공포 횟수가 줄어드는 경험을 할 수 있다. 그리고 치료가 성공하면 언젠가는 혼자서도 씩씩하게 엘리베이터를 탈 테고, 공포증은 기억마저 가물거리는 과거로 사라질 것이다.

홍수법은 이름처럼 실제로도 좀 극단적이다. 하지만 기존 연구 결과를 보면 가장 효과적인 방법이다. 물론 좀더 부드럽게 공포에 맞서는 방식도 있다.

작은 자극에서 출발해 공포가 더는 나타나지 않을 때까지 기다렸다가 좀더 큰 자극을 향해 나아가는 방식이다. 이를 **체계적 둔감법**(Systematic Desensitization)이라고 부른다. 뭔가 있어 보이는 멋진 이름이지만, 실제로는 환자가 상황이나 대상에 덜 민감해지도록 (즉, 덜 무서워하도록) 만든다는 뜻이다. 괴테를 예로 설명해보자면, 제일 먼저 대성당 탑을 머릿속으로 상상한다. 그 상상이 참을 만해지면 광장에서 탑을 바라본다. 그리고 일단 계단 몇 개를 올라간다. 그렇게 조금씩 계단의 수를 늘려가면서 며칠 후에는 2층까지 오르는 식으로 하다 보면 결국에는 꼭대기에 이를 수 있다. 이렇게 천천히 공포의 층계를 오르는 방법도 당연히 치료사가 동행하며, 효과 또한 좋다. 괴테는 다른 길을 택했다. 체계적 둔감법이 너무 오래 걸렸기 때문이다. 그래도 효과는 있었다. 괴테처럼 거의 모험심을 느낄 정도까지 발전하면 공포 증은 확실히 극복한 것이다.

예감과 전율의 분위기를 풍기는 깜깜한 밤, 교회 마당, 외진 곳, 한밤의 교회와 예배당, 그리고 그 비슷한 것들을 만나도 이제 나는 아무렇지 않았다. 낮에도, 밤에도 담담했고 어느 지역을 가도 마찬가지였다. 그러다 보니 나중에는 그런 환경에서 젊음의 쾌적한 전율을 다시 한번 느껴보고 싶은 욕망마저 들어서 괴상망측하고 무시무시한 상상을 해보아도 겨우 조금 느낄까 말까 하다 말았다.

행동 치료의 이론과 방법에 대해 지금껏 언급한 내용은 앞서 정신분석에 대해 설명한 것과 비슷하게 매우 개략적이다. 수 많은 개선과 변종 그리고 발전이 있었다. 가령 **인지 행동 치료**(Cognitive Behavioral Theraphy)는 지금까지 설명한 방법을 부정적 자아상, 인지 왜곡, 비기능적 확신에도 전용한다. 한마디로 행동 치료는 현재의 문제에 초점을 맞추고 체계적인 방법을 통해 문제를 해결한다고 말할 수 있다. 반면, 정신분석은 비기능적 생활 방식의 원인에 더 초점을 맞추며, 먼 과거로 거슬러 올라갈 수도 있는 그릇된 발달(충분히 잘 풀지 않은 갈등)을 바로잡고 필요한 발달을 회복하기 위해 노력한다.

체계적 치료

위에서 설명한 정신분석 및 행동 치료 이론과 비교하면 체계적 치료는 비교적 새로운 이론이다. 정신분석과 행동 치료는 개인에게 시행하며, 개인과 함께 작업하고, 개인의 발달 개선을 목표로 삼는다. 그러나 증상에 시달리며 혼자 그런 진료 및 치료를 받는 인간은 절대 혼자 사는 존재가 아니다. 체계적 치료의 핵심 개념은 바로 그 점에서 출발한다. 개인은 항상 한 체계, 한 인간 집단의 일부다. 그리고 인간이 가장 처음 만나는 집단은 가족이다. 따라서 체계적 치료는 '체계적 가족 치료'라고도 부른다. 그러나 더 넓은 의미에서 인간은 훨씬 더 큰 체계, 즉 사회의 일원으로도 볼 수 있다. 따라서 환자가 느끼는 증상의 본질적 부분은 집단 내 그의 위치에서만 이해할 수 있다. 그러나 이와 동시에 그의 행동과 존재 방식은 물론 증상마저도 집단에 도로 영향을 끼친다. 정신분석이 단계적 발달과 갈등 해결 이론을 바탕으로 삼고 행동 치료가 학습 이론에 기반을 두고 있다면, 체계적 치료는 시스템 이론과 구성주의에 바탕을 둔다. 환자를 증상

뿐만 아니라 환경에 대한 지속적 의존성에서 이해하는 것이야말로 중요하다고 보는 것이다. 그렇다고 해서 환자를 기계의 톱니바퀴로 보는 것도 옳지 않다. 인간이라는 바퀴를 돌릴 때는 어떤 일이 벌어질지 거의 예측할 수 없기 때문이다.

나비, 폭풍, 가족 관계

시스템 이론에 따르면, 시스템에서는 어느 한 부분이 아주 미세하게라도 달라지면 전체 시스템에 큰 변화를 일으킬 수 있다. 에드워드 로렌즈(Edward Lorenz)가 처음 주장한 이 현상은 흔히 '나비 효과'라는 이름으로 알려져 있다. 그의 이론에 따르면, 세계의 어느 한쪽에서 나비가 날갯짓을 할 경우 그 반대편에 폭풍이 일 수 있다. 아주 작은 영향도 예상할 수 없는 방식으로 확대되어 큰 결과를 가져올 수 있다는 것이다. 그렇다면 왜 나비의 날갯짓 하나하나가 전부 폭풍을 일으키지는 않으며, 지구상의 나비가 엄청나게 많은데도 왜 세상은 고요한 것일까? 이유는 시작점의 작은 사건(날갯짓)으로 흔들린 대기에 매우 많은 영향이 가해지는데, 그러한 영향이 부추기는 성질일 수도 있지만 억제하는 성질일 수도 있기 때문이다. 게다가 억제하는 영향이 훨씬 잦으므로 대기는 보통 이내 차분해진다.

다시 우리의 환자에게로 돌아가서 그를 체계적 치료의 기본 이론에 따라 치료해보기로 하자. 치료의 출발점은 시스템, 가령 가족 안에서 맺는 관계를 정확하게 분석하는 것이다. 이때 체계적 치료는 흔히 말하는 '가족 세우기'를 활용해 각 가족 구성원이 서로 어떤 관계인지를 시각적으로 드러낸다. 때로는 그것만으로도 이미 비기능적 패턴의 존재가 또렷이 드러나므로, 치료를 통해 그 패턴을 바꿀 수 있다. 앞에서도 언급했듯 작은 변화가 시간이 지나면서 큰 영향력을 발휘할 수 있다. 환자(혹은 시스템 내의 다른 구성원)의 행동은 말할 나위 없고 사고방식과 마음가짐만 바뀌어도 시스템 전체가 변화할 수 있다.

누가 옳은가

지금까지 설명한 세 가지 이론—정신분석, 행동 치료, 체계적 치료—은 각각 나름의 설득력이 있지만, 그보다 더 중요한 것은 이러한 방법이 실제로도 계속해서 성공을 거두고 있다는 사실이다. 정신 질환이 치료만 잘하면 완치 가능하게 된 데에는 이런 심리 치료 방법의 공이 적지 않다. 흔히 이론에 적용되는 말—

"이론에서는 실제가 통하지만, 실제에서는 이론이 통하지 않는다"—이 심리 치료에는 해당하지 않는다. 위에서 설명한 이론은 그 자체가 목적이 아니라 실제로 잘 활용하는 것이 중요하다.

그런데 전혀 다른 이론들이 모두 효과를 발휘한다니, 어떻게 그럴 수 있는 걸까? 정신분석은 질병의 원인이 유년기에 해결하지 못한 갈등이라고 주장한다. 행동 치료는 정신 문제의 원인이 비기능적으로 학습한 내용 때문이라고 주장한다. 체계적 치료는 모든 문제의 원인은 주변 시스템에 있으며, 대부분은 가족 내 소통 및 관계 때문이라고 확신한다. 세 학파가 정신 질환의 원인을 두고 그럴싸하지만 전혀 다른 설명을 내놓고 있으니 당연히 이런 의문이 든다. 그렇다면 누가 옳은 걸까?

이 질문이 수십 년 동안 학계를 뒤흔들었다. 물론 모두 자기 학파가 옳다고 생각하겠지만 말이다. 정신분석학자는 행동치료사들이 좀 단순하다고 생각했고, 행동치료사는 정신분석학자를 약간 삐딱한 지성인쯤으로 생각했다. 하지만 둘의 의견이 일치한 지점이 있었으니, 구성주의를 환자의 치료에 끌어들이는 것은 좀 억지이며, 인간이 가족 안에서 산다는 사실을 알기 위해 굳이 새로운 치료 학파가 필요한 것은 아니라는 생각이었다. 내가 심리 치료 교육을 받을 때만 해도 아직 이런 편 가르기식 사고가 만연했고, 다른 학파의 이론에 대한 존중이 전혀 없었다.

하지만 누가 옳은지에 대한 하나의 대답이 존재하고, 그 대답이 오늘날의 심리 치료 실무에 지대한 영향을 미쳤다.

그라베 박사의 폭탄

클라우스 그라베(Klaus Grawe, 1943~2005) 교수는 1979년부터 사망할 때까지 베른 대학교 임상심리학과 및 심리치료과의 정교수였다. 학자 인생 내내 그는 어떤 심리 치료 학파가 옳은가, 하는 우리의 의문을 연구했다. 물론 대놓고 그렇게 표현하지는 않았지만 말이다. 학문적으로 볼 때 어떤 치료 유형이 더 효과적인지를 밝히는 것이 그의 목표였다. 클라우스 그라베는 이 질문에 대한 답은 과학적인 방법으로만 찾을 수 있다고 확신했다. 다시 말해, 개별 치료 형태의 효과를 조사해 이를 서로 비교하는 연구로만 찾을 수 있다고 믿었다. 1994년에 작은 폭탄을 던지지 않았다면 아마도 그라베는 전문가들 사이에서만 유명한 학자로 남았을 것이다. 학자의 무기는 논문과 책인데, 어쨌거나 《심리 치료의 변화(Psychotherapie im Wandel)》라는 약간 시시한 제목을 단 그의 책은 무려 900쪽에 달했고 국제 학계에서 엄청난 폭발력을 발휘했다. 우리의 의문에 대해 경험적·학술적으로만 대답할 수 있다는 확신에 걸맞게 그라베는 그 책에 '고백에서 본업으로'라는 도발적인 부제를 달았다.

《심리 치료의 변화》는 지금껏 전 세계에서 심리 치료의 효과를 검증한 총 897회의 연구 결과를 종합했다. 각각의 연구는 그때그때 연구한 심리 치료 형태의 효과를 명확하게 밝혔지만, 이 엄청난 양의 개별 연구를 학술적으로 건실하게 비교하기 위해서는 막대한 추가 작업과 엄청난 방법적 능력이 필요했다. 그라베는 이 문제를 흔히 말하는 '메타 분석'으로 해결했다. 요컨대 모든 개별 연구 결과를 일정한 기준에 따라 비교한 것이다. 그의 연구는 심리학계를 뒤흔든 두 가지 중대한 결과를 내놓았다. 하나는 빠르게, 다른 하나는 느리지만 오래오래 학계를 뒤흔들었다.

자, 그렇다면 어떤 치료법이 가장 효과가 좋을까?

그라베의 대답은 '행동 치료'였다.

그 대답이 폭풍을 몰고 왔다. 행동치료사들은 진즉에 그런 줄 알았는데, 드디어 누군가가 학술적으로도 그 사실을 입증해 줘서 반갑다는 입장이었다. 실제로 행동 치료는 다른 형태보다 치료 효과가 컸다. 그러나 메타 분석의 방법론적 난점은 연구마다 다른 질환의 환자를 조사했다는 데 있었다. 실제로 심층심리 치료학계의 중요한 논점도 바로 그것이었다. 뭐 그럴 수도 있다.

행동 치료가 거미 공포증에서는 정신분석보다 빨리 증상을 없앨 수 있다. 하지만 첫째, 이것이 모든 질병에 해당하는 사항은 아니다. (당연히 정신분석학계에서는 극소수 질병에만 해당한다고 주장했다.) 둘째, 이런 성과가 지속적인지 의문스럽다. 실험 연구는 그 특성상 거의 단기적 프로젝트다. 실험하고 나서 효과가 있었는지, 있다면 어떤 효과인지를 (심층 치료에서 그러하듯) 20년 후에나 알 수 있는 실험을 어떤 학자가 수행하려 하겠는가. 그러나 바로 이것이 심층 심리 치료의 목표다. 따지고 보면 심층 심리 치료의 목표는 관점과 태도의 변화를 통해 환자를 더 잘 살게 만드는 것이니 말이다. 따라서 심층 심리 치료(정신분석)의 효과를 입증하려는 연구는 복잡하며, 무엇보다 장기적으로 진행해야 한다. 그에 비하면 행동 치료는 무척 단순하다. 하지만 이러한 주장들이 오히려 학파의 다툼을 더욱 부추기고 말았다.

그라베의 첫 번째 연구 결과에 암묵적으로 다수의 다른 주장이 포함되지 않았고, 두 번째 결과가 차츰차츰 사람들의 의식을 파고들지 않았더라면 아마 상황은 거기서 그대로 멈추었을 것이다.

행동 치료는 효과가 좋지만 모든 장애에 통하는 것은 아니다. 그리고 생활 스타일과 세계관의 복잡한 변화를 노리거나 환자의 인간관계에 개입하기보다는 빠른 변화를 지향한다. 이런 결과만으로도 다툼은 사실상 김이 빠져버렸다. 어느 학파나 이론이 근본적으로 우월한 것은 아니고 상황에 따라 이것이 혹은 저것이 올바른 치료법이라는 뜻이니 말이다. 어쨌거나 그라베는 정신분석 치료에 대해 이렇게 적었다.

정신분석 치료는 학문적 기초가 탄탄하다고 보아야 한다.

또 이렇게도 적었다.

정신분석 치료는 무엇보다 경험적 신경증 장애 환자와 인성 장애 환자에게서 주요 문제에 확실한 효과를 발휘한다. 물론 가벼운 장애 환자에게서 효과가 더 좋다.

그 뒤를 이어 클라우스 그라베는 환자를 직접 치료할 때를 제외하면 정신분석 이론이 막강하고 혁신적인 효과를 낸다고 썼다.

그리고 정신분석에 대해 다룬 이 장을 정신분석 교육 기관에 대한 격렬한 비판으로 마무리 짓는다. 그 기관들이 연구와는 거리가 멀고 "관습적인 관념을 떨치지 못한 채" 자기 학파의 사고에 독단적으로 붙들려 있다면서 말이다. 이런 주장과 정신분석 치료가 주로 가벼운 장애에 도움이 된다는 연구 결과를 정신분석학자들이 반겼을 리 만무하다. 그들은 온갖 반대 논리로 그라베의 주장을 반박하기 시작했다.

나는 실제로 중증 장애 환자도 정신분석으로 치료할 수 있다고 확신한다. 물론 우리 학파에 대한 그의 비판은 정당했다고 생각하지만 1994년부터, 그러니까 그라베의 책이 세상에 나온 이후부터는 그런 점에서 약간의 변화가 있었다.

정리를 해보자면, 출발 상황(환자의 증상)만 다른 게 아니다. 치료사의 목표와 환자의 기대도 상황에 따라 다르다. 그러니 여러 가지 방법을 갖추고 있다면 훨씬 좋을 것이다. 치료를 출발 상황에 맞추어 잘 조정할 수 있을 테니 말이다.

치료의 일반적인 효과 요인

그러나 그라베 박사의 연구 결과에는 두 번째 주장, 즉 다름 아닌 두 번째 폭탄도 있었다. 첫 번째보다 볼품은 없어도 폭탄은 폭탄이었다. 그라베가 연구 결과의 결론에 대해 농담조로 이렇게 적었기 때문이다.

너무도 다른 이론적 배경을 가진 너무도 다른 방법들에서 유의미한 효과를 확인했기에 치료 방법의 효과를 그 배경 이론의 정당성을 입증하는 증거로 받아들일 수는 없다. 그렇지 않으면 효과 있는 치료 방법만큼이나 많은 진실—그것도 분명 너무나 많은 진실—이 있을 것이다.

직접 비교를 통해 행동 치료가 많은 장애에서 다른 치료법보다 우월하다는 앞의 결론보다 어쩌면 이 결론이 더 중요할지도 모르겠다. 여러 학파가 개발해 심리 치료에 활용하는 특수 이론 말고도 학파와 무관하게 심리 치료가 갖는 보편적인 효과 요인이 있다는 의미일 테니 말이다. 학파의 이론과 무관하게 효과를 발휘하는 그것은 과연 무엇일까? 그라베는 그것을 **세팅**(Setting)이라고 부른다. 즉, 치료 상황의 환경 조건 형성이다. 당연히 치료실의 설비를 말하는 것은 아니다. 그건 치료사의 일반적 태도와 치료 관계 자체의 형성을 말한다. 다 잘되려면 이것이 어때야 할까? 앞서 우리가 살펴본 치료 방법 비교 연구는 문제 지향적 방법이 다른 방법들보다 뛰어나다는 결론을 내렸다. 그중에서도 특히 문제를 빠르고도 정확하게 확정하는 방법이 뛰어났다.

따라서 보편적인 효과 요인을 고려하는 훌륭한 심리 치료의 세팅은 다음과 같이 진행하는 게 이상적이다. 먼저, 환자를 존중하며 환자의 증상을 진지하게 인정한다. 환자에게 최대한 정확하게 증상을 설명할 여지를 준다. 치료사는 환자의 문제를 최대한 정확하게 파악하고 싶다는 마음을 자신의 태도를 통해서도 보여주어야 한다. 그런 다음 환자와 함께 개별적이고 문제 지향적인 치료를 해나간다. 이때는 환자가 스스로 돕도록 돕겠다는 관점이 중요하다. 치료사는 산파와 같다. 주로 옆에서 조언하지만, 중요한 순간에는 적극 참여하기도 한다. 엄마는 아기와 함께 살아야 하고, 결국 출산은 엄마 자신의 몫이다. 그러므로 정리하자면 '스스로 돕도록 돕는다'는 목표 아래 문제 지향적인 접근 방식이 중요하다. 물론 치료사가 친절하게 손을 잡아주면 그걸로 다 된다고 오해하지는 말자. 산파도 배를 아무 데나 누르지 않는다. 산모의 신호를 알아차려서 언제 어떻게 개입해야 할지 배운다. 심리치료사 역시 몇 년에 걸쳐 훌륭한 교육을 받는다. 치료사는 문제에 집중하기 위해 다양한 상황을 익혀야 한다. 또 다양한 치료 방법을 배워야 하며, 그 방법들의 효과와 부작용도 알아야 한다. 나아가 어떤 시점, 어떤 상황에서 특정 방법이 어떤 방식으로 효과를 발휘하는지도 알아야 한다. 그러자면 당연히 어떤 부작용이 나타나는지도 알아야 한다.

매뉴얼에 따른 장애 맞춤형 단기 심리 치료

클라우스 그라베의 연구 결과가 발표되고 지난 20년 동안 중요한 발전이 있었다. 바로 매뉴얼에 따른 장애 맞춤형 단기 치료의 개발이다. 앞서 말했듯 세 가지 심리 치료법이 모든 정신 질환에 똑같이 효과를 발휘하지는 않는다. 따라서 특정 질병과 그로 인한 문제에 딱 맞는 맞춤 치료법이 있다면 정말 좋을 것이다. 더구나 앞서 설명한 세 가지 치료법, 즉 정신분석(심층 심리 치료), 체계적 치료(가족 치료 및 부부 치료), 행동 치료는 '거대한' 치료법이다. 다시 말해, 직업 교육과 함께 이 방법을 배우려면 보통 적어도 3년은 걸린다. 그리고 나면 엄청난 레퍼토리의 이론적 지식과 치료 기술을 갖출 수 있다. 하지만 임상 실무에서는 대포로 참새를 쏘는 격일 때가 적지 않다. 환자에게는 그의 특수한 장애 패턴에 딱 맞는 구체적 문제 해결법이 필요하다. 정신분석의 심도 있는 갈등 연구나 행동 치료의 다양한 기법, 가족의 세밀한 체계 분석이 모두에게 필요한 것은 아니다.

따라서 바람직한 치료는 문제 지향적이고 빠르게 학습해 확실하게 사용할 수 있어야 한다. 바로 이런 고민이 매뉴얼에 따른 장애 맞춤형 단기 심리 치료의 개발을 낳았다. 장애 맞춤형이란 우울한 사람에게는 우울증을 줄이는 조처가 주를 이뤄야지 알코올 중독이나 마약 중독, 환각 치료가 주를 이뤄서는 안 된다는 뜻이다. 그리고 매뉴얼에 따른다는 말은 치료 단계를 제안하고 치료할 문제의 범위를 정해주는 지침서, 즉 매뉴얼이 있다는 뜻이다. 따라서 치료법을 (제한된 범위의 문제만 다루므로) 비교적 신속하게 익힐 수 있고, (치료 단계가 매뉴얼에 정해져 있으므로) 모든 치료사가 그걸 비슷하게 적용할 것이라는 보장이 비교적 크며, (목표가 확실하게 정해져 있고 치료 과정이 균일하게 설명되어 있으므로) 치료 기간이 비교적 짧다.

이런 요건을 충족하는 치료법은 앞서 설명한 세 학파의 이론을 통합하면서도 항상 특정 문제에 초점을 맞춘다. 가장 중요한 치료법 중 몇 가지를 아래에 소개한다.

- 변증법적 행동 치료(DBT)

- 대인 관계 심리 치료(IPT)

- 심리 도식 치료(Schema Therapy)

- 심리 치료의 인지 행동 분석 시스템(CBASP)

- 마음 챙김 기반 인지 치료(MBCT)

- 동기 부여 인터뷰(Motivational Interviewing)

물론 이것이 끝은 아니다. 그저 가장 많이 사용하는 몇 가지 방법을 골라 뽑았을 뿐이다. 이 중에서 대인 관계 심리 치료, 즉 IPT를 짧게나마 조금 상세히 설명해보도록 하겠다. 이 방법은 우울증 환자에게 특히 많이 사용하며, 증상이 무엇보다도 인간 상호 작용의 장애로 드러나므로 치료도 이 부분에서 할 수 있다는 기본 생각에서 출발한다.

- 1단계(초기 단계)는 3회의 상담을 통해 다음과 같은 과제를 완료한다. 진단을 내리고 환자에게 (동석했다면 가족에게도) 우울 장애와 IPT의 개념 및 치료법을 알려준다. 환자에게 그의 증상이 질병이라는 사실을 알리고, 환자의 역할을 부여해 마음의 부담을 덜어주고, 회복할 수 있다는 희망을 전한다. 관계 분석을 통해 현재의 우울증 에피소드를 대인 관계의 맥락에서 다시 살펴본다. 치료의 초점(슬픔, 갈등, 역할 바꾸기 혹은 사회적 결핍)과 목표를 환자와 의논하고 치료 계약을 맺는다.
- 중간 단계는 4~13회의 상담을 통해 다음의 주제를 다룬다. 즉, 환자가 상실을 애도하고, 새로운 사회적 역할에 잘 적응하고, 인간관계 갈등을 해결하거나 신뢰 있는 새로운 관계를 쌓아 1단계에서 합의한 주요 문제들을 해결한다. 상담의 주안점은 애착 및 관계의 패턴, 소통 전략, 환자의 감정이다.
- 마지막 단계(14~16회의 상담)는 치료의 종료와 그로 인해 생기

는 감정(가령 슬픔, 불안, 분노, 짜증)을 고려해 환자와 의논하
고, 치료를 통해 경험한 내용을 정리하고, 미래의 전망을 제시
한다.

각 단계를 어떻게 진행할지는 당연히 매뉴얼에 정확히 적혀 있
다. 이런 매뉴얼화한 단기 치료의 내용은 행동 치료의 요인이 주
를 이루고 거기에 체계적 치료 관점을 추가했다.

심리 도식 치료는 인지 행동 치료의 유명한 대표 주자 제프
리 영(Jeffrey E. Young)이 개발했다. 그러나 정작 행동 치료보다
는 정신 역동(정신분석) 방법을 더 많이 활용하고, 게슈탈트 치료
(Gestalt Therapy), 대상 관계 이론, 최면 요법, 교류 분석 등의 요
인을 추가한다.

미국 심리학자 마샤 리네한(Marsha Linehan)은 한 강연에서
자신이 개발한 변증법적 행동 치료, 즉 DBT의 주요 내용이 사
람끼리 나누는 정, 여러 행동 치료법 그리고 선불교라고 밝힌 바
있다.

어쨌든 이렇게 해서 배우기 쉽고, 특정 질병의 증상을 집중
치료하고, 그 기간도 짧은 실용적 치료법이 탄생했다. 매뉴얼의
구조는 정해져 있지만, 환자의 개별 상황에 맞추어 조절할 수 있
는 여지는 충분하다.

심리치료사가 해야 할 일

심리 치료의 지형이 실로 다채로워졌다. 따라서 정신과 의사가 되기로 작정한 젊은 의사는 이 중에서 무엇을 해야 할지 고민스러울 것이다. 그러나 그건 의사의 사정일 테고, 잠재적 환자인 당신이라면 정식 교육을 받은 정신과 의사나 치료 기술을 갖춘 심리학자에게 무엇을 기대할 수 있는지가 더 궁금할 것이다.

정신의학에서 특수 분야를 전공하기로 마음먹은 젊은 의사나 환자 상담을 직업으로 택한 심리학자는 우선 세 가지 치료법 중 하나를 골라 추가 교육을 받아야 한다. 현재 세 학파 모두는 대부분 3년 예정인 직업 교육 과정에 자기 학파의 이론은 물론 다른 두 학파의 이론까지도 끼워 넣는다. 따라서 교육생들은 자신이 선택한 학파의 이론과 함께 다른 치료법의 가장 중요한 핵심 내용도 배울 수 있다. 이런 추가 교육이 끝나면 다시 두세 가지 장애 맞춤형 매뉴얼 단기 심리 치료법을 배워야 한다. 이 모든 과정에는 돈과 시간이 많이 들지만, 나는 이 사실을 언급하고 싶다. 즉, 정신의학은 많은 걸 배워야 하고 많은 걸 할 줄 알아야 하는 분과다. 훌륭한 정신과 의사는 그냥 말만 잘하고 위로만 잘해주는 사람이 아닌 것이다.

여러 가지 심리 치료 방법이 모두 다 특별하지만, 클라우스 그라베가 학파를 넘어서는 중요한 효과 요인이라고 주장한 세 가지 관점은 항상 명심하는 것이 좋다. 이는 당신이 실력 좋은 심리치료사에게서 기대할 수 있는 것이기도 하다. 그 세 가지는 바로 문제 해결의 관점, 규명의 관점, 관계의 관점이다.

심리치료사 역시 인간이므로 환자한테서 신뢰 관계가 생기지 않는다는 등의 이유로 상담을 그만두고 싶다는 말을 들으면 기분 좋을 리 만무하다. 또 그런 말을 하는 사람도 기분이 좋지 않기는 마찬가지다. 하지만 그것이야말로 환자의 권리다. 세 가지 관점 중 하나라도 자신과 맞지 않는다는 느낌이 들면 솔직히 이야기하고 대안을 찾아야 한다. 그러나 아무리 치료사를 바꾸어도 계속 신뢰를 잃거나 아예 신뢰가 생기지 않는다면, 당신은 자동차를 몰고 도로로 나갈 때마다 운전 못 하는 인간들만 만나는 사람과 같다. 그런 사람은 다르게 대응해야 한다. 즉, 다음번에는 의심이 좀 들더라도 꾹 참고 견뎌보자.

한 줌의 마음 챙김도 곁들여서

삶의 아름다운 것들에서 추한 것들로 넘어가기 전에 마샤 리네한이 치료법의 중요한 부분이라고 설명한 선불교를 잠깐만 살펴보기로 하자. 선(禪)은 불교의 한 형태로 세상과 주변 사람들 그리고 자기 자신을 대하는 특정한 태도를 중요시한다. 그중 하나가 유명한 명상법, 즉 좌선이다. 사실 좌선은 앉은 자세가 아니라 마음 챙김이 본질적인 특징이다. 예전에는 동아시아에서 날아온 '귀신 씻나락 까먹는 소리'로 치부하기도 했지만, 요즘에는 널리 수용되어 거의 모든 치료에 적용하고 있다. 학계에서는 심지어 '심리 치료의 제3의 물결'이라는 표현도 쓴다. **제1의 물결**은 앞서 설명한 학파들의 이론을 따르는 치료를 말한다. **제2의 물결**은 여러 치료법에서 뽑은 요소를 한데 모아 장애 맞춤형 새 치료법으로 묶은 단기 치료 매뉴얼을 말한다. 그리고 마지막으로 **제3의 물결**은 동아시아의 지혜를 기존의 치료 형태에 장착하는 것을 말한다. 제3의 물결이라는 용어에서 우리는 이러한 혁신이 지금까지의 치료법을 소소하게 보완하는 차원을 넘어 하나의 중대한 발전 단계로 인정받고 있다는 사실을 알 수 있다.

　대부분 동아시아 사상에서 빌려온 이 원칙의 여러 요소는 **마음 챙김**이라는 키워드로 요약할 수 있다. 즉, 모든 사물을 최대한 의식적으로 경험하는 것이다. 목표는 아름다운 것을 인지하고, 세상의 그 아름다움에 감탄하고, 무엇보다 다른 사람을 배려하는 데 있다. 하긴 어쩌면 이런 것도 성격에 달린 듯싶다. 어떤 이는 잘하고 어떤 이는 잘 못 한다. 물론 분명히 그렇다. 매사에 더 긍정적인 사람이 있는가 하면, 덜 긍정적인 사람도 있다. 매우 의식적으로 주변을 인지하는 사람이 있는가 하면, 감각의 문을 닫고 하루하루 정신없이 사는 사람도 있다. 그 차이는 우리의 인성, 지금껏 받은 교육 및 경험과 관련이 있다. 하지만 놀랍게도 마음 챙김은 잘 배울 수 있다. 마음 챙김을 위한 특별 훈련도 있다. 요즘에는 거의 모든 치료법이 마음 챙김을 곁들여 사용한다. 심지어 스트레스를 줄이기 위한 목적으로 마음 챙김을 특수하게 개발한 자체 단기 심리 치료법이 있을 정도다. **마음 챙김 기반 스트레스 감소 치료**(Mindfulness Based Stress Reduction Therapy)가 그것이다. 물론 이런 방법이 아니더라도 마음 챙김은 언제나 유익하다.

약물 치료

삶의 아름다운 것에서 불쾌한 것으로

지금까지는 치료의 아름다운 부분을 소개했다. 어쨌거나 환자는 물론이고 의사 역시 대다수가 심리 치료를 유쾌하고 재미난 치료라고 생각한다. 자신에 대해 새로운 사실을 알게 해주고, 자신을 이해하고 위로하는 누군가가 있어 어떤 경우에도 도움의 손길을 내민다. 그러나 이런 이미지는 수정이 필요하다. 이유는 여러 가지다.

첫째, 심리 치료는 힘든 작업일 수 있고 또 그래야 한다. 심리 치료는 위로나 돌봄이 아니다. 불쾌한 주제, 자신의 불쾌한

면모, 자기 현실의 힘든 측면과 다투어야 한다. 심리 치료 시간
이 정말 정말 기다려진다면, 그건 제대로 된 치료사를 만나지 못
했거나 이런 힘든 측면을 파고들겠다는 의욕이 충분하지 않다는
뜻이다. 증상이 생기는 데에는 다 이유가 있다. 가령 비행 공포
증으로 인해 온갖 불이익을 감수하면서까지 비행기를 피하는 데
에는 그럴 만한 이유가 있는 것이다. 회피는 위험 또는 위험이라
생각하는 상황을 마주하기보다 대부분 더 편하기 때문이다. 그
러나 진짜 심리 치료는 바로 그것, 즉 불쾌한 일을 마주하는 시
간이다. 방법과 기본 개념만 다를 뿐 모든 심리 치료 학파가 그
점에서는 같다.

포근하고 유쾌한 심리 치료 이미지를 고쳐야 하는 두 번째 이유
는 조금 더 복잡하다. 뇌와 정신(혹은 그 비슷한 말로 인성)을 엄격
하게 구분하는 많은 이들의 사고방식 때문이다. 그들은 정신이
란 의식적 경험에 크게 좌우된다고 생각한다―내 정신이 곧 나
다. 심리 치료를 통해 내가 바뀔 수는 있겠지만 얼마나 변할지,
또 어떤 방향으로 변할지는 나 스스로 결정한다. 그렇게 생각하
면 **인성** 및 **정신**에 미치는 외부 영향과 **두뇌**에 미치는 영향이 달
라진다. 그리고 그렇게 생각하는 많은 사람이 심리 치료는 인성
에 영향을 주고 약물은 뇌에 영향을 준다고 믿는다. 인성은 내

마음대로 바꾸고 통제할 수 있지만, 두뇌는 만일 내가 약을 먹는다면 통제할 수 없다고 말이다. 이 역시 고쳐야 할 관점이며, 이는 학계의 연구 결과 이미 밝혀진 사실이다.

심리 치료를 받으면 두뇌의 구조와 기능이 달라진다는 사실이 입증되었기 때문이다. 그러니까 심리 치료도 두뇌의 작동 과정에 개입한다. 그리고 심리 치료에서도 의학의 철칙은 통한다. 효과가 있는 것은 부작용도 있을 수 있다! 심리 치료도 부작용이 있을 수 있다. 치료 대상인 불안이 줄기는커녕 더 커지거나, 삶의 즐거움이 되돌아오기는커녕 치료 과정에서 자살을 결심하게 만드는 일을 경험하는 식으로 말이다. 물론 이는 극단적인 사례다. 하지만 결코 이론적인, 터무니없는 사례가 아니라 내 상담실에서 보고 들은 사례다. 다행히 이런 일이 흔하지는 않다. 대부분은 심리 치료에 실패해도 증상이 호전되지 않아 환자가 치료사에 대한 신뢰를 잃어버리는 정도로 그친다. 물론 그것 역시 바람직하지 않은 효과일 것이다.

내가 극적인 사례를 골라 소개한 이유는 바로 다음 단락에서 정신 질환 치료제라는 껄끄러운 주제를 다룰 것이기 때문이기도 하다. 많은 사람이 약물 치료를 정신과 치료의 불쾌한 부분이라고 생각한다. 향정신성 약물에는 대부분이 매우 회의적이다. 심리치료사 중에도 정신과의 약물 처방을 그다지 매력적으로 보지 않는 사람이 많다. 그러므로 정신과 의사는 환자의 거부감을 헤쳐나가야 하고 약효와 부작용을 살펴 평가해야 한다. 부작용이 나타나거나 약효가 없으면 다시 환자를 설득해야 한다. 약물이 두뇌 조직으로 들어간다는 것은 누구나 아는 사실이다. 그렇게 해서 신경전달물질의 균형을 바꾸고 수용기의 민감도에 영향을 미치며 신경 시냅스에 작용한다. 그러니까 내 두뇌의 일부를 바꾸어 어쩌면 내 인성마저 바꿀지 모르는데, 이 모든 일에 나는 속수무책으로 당해야 한다. 진심으로 걱정해야 할 일이 아닐까? 하지만 심리 치료가 두뇌와 인성에 같은 작용을 한다면 어떻게 될까? 그래도 기대되는 심리 치료와 의심스러운 약물에 차이가 있을까?

심리 치료냐, 향정신성 약물이냐

나는 이런 차이가 실제로는 온갖 편견과 오류에서 생긴 것이므로 없다고 생각한다. 물론 약물이 아무런 해도 없다고 말하려는 것은 아니다. 그보다는 바람직한 심리 치료는 생각보다 해가 많고, 향정신성 약물은 생각보다 덜 위험하다는 말을 하고 싶다. 두 가지 치료법을 잘 고민해 사용하고, 그 효과를 존중하고, 주의해서 관찰해야 한다.

심리 치료가 더 나은지, 약물 처방이 더 나은지는 개인의 상황을 보고 판단할 문제다. 정신과 의사가 둘 다 권하는 경우도 드물지 않지만, 반드시 그래야 하는 것은 아니다. 한쪽이 다른 쪽을 방해하거나 둘 중 하나로 충분해서 굳이 다른 방법의 부작용 위험을 감수하지 않아도 되는 상황이 있다. 요즘 전문 용어로 그것을 **감시 대기**(Watchful Waiting)라고 부른다. 물론 지켜보며 기다리는 시간을 그냥 아무것도 안 하는 상태라고 생각하면 안 된다.

성공 확률이 제일 높은 전략을 택하는 게 말처럼 그리 간단한 것은 아니다. 먼저 치료사가 어떤 방법을 권할 것이다. 그동안 배운 지식과 쌓은 경험 그리고 대부분의 질병 양상을 치료 지침에 정리해둔 학술 서적을 참고로 환자에게 가장 적합하다고 생각되는 치료법을 말이다. 물론 자신이 제일 잘하거나 자기가 배운 치료법을 권하는 경우도 드물지 않다. 지침에 따라 치료법을 선택한 후 자신보다 그 방법을 더 잘 아는 다른 치료사에게 환자를 보내는 게 가장 이상적일 테지만, 사실 그런 경우는 흔치 않다.

치료를 시작하려면 치료사의 권유를 받은 환자가 그에 동의해야 한다. 이때 환자는 너무 쉽게 고개를 끄덕여서는 안 된다.

앞서도 말했듯 어떤 치료법을 택하든 부작용 위험이 있다. 따라서 치료사가 어떤 근거에서 그 치료법을 권유했는지 캐물어야 한다. 해당 질병의 치료를 적시한 지침이 있는가? 그 지침에는 뭐라고 쓰여 있는가? 왜 치료사는 그 지침을 어기면서까지 이런 권유를 하는가? 당연히 타당한 이유가 있겠지만, 환자의 질문에 치료사는 올바른 대답을 해줄 수 있어야 한다. 마음에 들지 않을 경우, 환자는 다른 대안은 없는지 차분히 물어야 한다. 향정신성 약물을 권유받았다면 심리 치료로는 안 되는지, 심리 치료의 결과가 더 좋지는 않은지 질문해야 한다. 거꾸로 심리 치료를 권유받았을 때도 마찬가지다. 이런 질문은 불신하고는 아무 상관이 없다. 어쨌거나 환자는 앞으로 몇 달씩, 심지어 몇 년씩 걸릴 힘든 치료 과정에 들어갈 테고, 부작용의 위험을 감수하면서까지 괴로운 증상을 없애버리고 싶은 사람이다. '환자에게 정보 제공'이라는 슬로건이 단순한 구호에 그쳐서는 안 된다.

향정신성 의약품은 어떻게 작용하는가

심리 치료를 설명한 단락과 비슷하게 여기서도 나는 향정신성 약물의 작용에 대해 우리가 아는 내용을 수박 겉핥기식으로나마 훑어보고 넘어가려 한다. 나의 목적은 의약품 개발의 기본 개념을 알려서 당신이 앞으로 정신의학을 접하게 될 때 고려할 점들을 파악하도록 돕는 데 있다. 그러자면 당신이 잘 모르는 게 무엇인지를 이해해야 한다. 왜 무조건 일단 테스트를 해봐야 하는지, 왜 그것이 합리적일 수 있는지를 이해해야 한다.

역사적으로 볼 때 향정신성 약물의 개발은 대부분 우연한 발견에서 비롯되었다. 원래는 다른 목적으로 개발한 약물이 우울증이나 정신병에 놀라운 효과를 발휘하기도 했다. 신중한 의사들이 그 효과를 알아차리고 이 의외의 응용 분야를 체계적으로 연구하기 시작했다. 현재는 여러 정신 질환에서 약물의 긍정적 효과를 명백히 입증하는 연구 결과가 다수 나와 있다. 날로 발전하는 연구 기술 덕분에 개별 약제가 작용하는 신경생물학적 메커니즘에 대해서도 점점 더 많은 사실을 알게 되었다. 대표적 사례가 현대의 항우울제 SSRI(Selective Serotonin Reuptake Inhibitor, 선택적 세로토닌 재흡수 억제제)다. 엄청나게 학술적이고 복잡한 용어 같지만, 알고 보면 약물의 작용이 이름에 그대로 담겨 있다. 이 약은 세레토닌이 시냅스 간극으로 재흡수되지 못하도록 막는다. 그게 우울증과 무슨 상관이 있을까? 그걸 다 설명하자면 좀 복잡하다.

그러나 여기서는 그 복잡한 과정을 매우 단순한 방식으로 접근해보도록 하자. 그러자면 경험, 감정, 생각, 체험, 고통, 기쁨, 권태, 영상, 음악 등 우리의 모든 것이 뇌에서 처리된다고 상상해야 한다. 나는 일단 그 과정을 순수하게 생물학적 차원에서 설명할 것이다. 이 책을 시작할 때 던졌던 질문, 즉 물질적 과정 바깥에서도 정신이 생물학적 구조와 동일시할 수 없는 통합적 경험의 한 형식을 생성하는지는 여기서 파고들지 않을 것이다. 이 문제는 이 책 마지막 부분에서 중요한 역할을 맡게 될 테니 말이다.

자, 그렇다면 우리가 세상에서 뭔가를 인지할 때 무슨 일이 일어날까? 빛 자극이 우리 눈의 특수 수용체에 닿으면 거기에서 전기 신호가 되어 신경을 통해 전달된다. 그리고 최종적으로 광학 신호 인식을 담당하는 두뇌 부위에 도달한다. 이 부위는 뒤통수에, 즉 나이가 들면 제일 먼저 머리카락이 빠지는 부분 아래쪽에 자리하고 있다. 그러니까 신호가 두뇌의 맨 앞쪽에서 맨 뒤쪽까지 가야 하는데, 그 도중에 한 가지 신경이 신호를 인도하는 게 아니다. 첫 번째 신경이 두 번째 신경과 부딪치고, 두 신경이 교차하는 지점에서 복잡한 사건이 일어난다. 예컨대 전기 신호가 신경 말단에 화학적 과정을 불러일으킨다. 또 신경 말단에 준비되어 있던 호르몬, 즉 신경전달물질이 첫 번째 신경과 두 번째 신경의 틈 안에서 분비된다. 첫 번째 신경의 말단을 '프리시냅스(Pre-Synaps)', 두 번째 신경의 앞부분을 '포스트시냅스(Post-Synaps)', 그 사이의 틈을 '시냅스 간극'이라고 부른다. 그런 신경전달물질 중 하나가 '세로토닌'이다. 전기 자극이 그곳에 도착하면 세로토닌을 담당하는 신경의 간극에서 더 많은 세로토닌이 분비된다. 이 세로토닌이 다시금 프리시냅스에서 전기 자극을 일으켜 그 신호를 전달하고, 신호는 마침내 두뇌의 목표 부위에 도달한다. 이제 문제는 시냅스 간극에 얼마나 많은 세로토닌이 얼마나 오랫동안 머무느냐다.

분비된 세로토닌이 머무는 곳은 원칙적으로 세 곳이다. 첫째, 세로토닌은 시냅스 간극 안에서 분해될 수 있다. 둘째, 포스트시냅스로 흡수될 수 있다. (거기서 또 전기 신호를 일으킨다.) 셋째, 다시 프리시냅스로 흡수될 수 있다.

이 과정의 세부 사항은 위에서 설명한 것보다 훨씬 복잡하지만, 여러분도 이미 많이 알고 있을 것이다. 이 모든 게 우울증과 무슨 상관이 있을까? 엄밀히 따지면, 우리도 정확히는 모른다. 다만 시냅스 간극에 세로토닌이 부족하면 우울증이 나타난다는 사실은 확인되었다. 사실, 부족이라는 말이 완벽하게 옳은 표현은 아니다. 시냅스 간극 안에서 세로토닌의 복잡한 조절 메커니즘에 뭔가 이상이 생긴 것이다. 그런데 1960년대 초반에 획기적인 사실, 즉 시냅스 간극에 세로토닌이 많아져 더 오래 작용하면 우울증 치료에 효과가 있다는 사실이 밝혀졌다. 메커니즘이 어느 정도 정확해졌으므로 이론적으로는 그렇게 할 수 있는 방식이 네 가지다.

첫째, 더 많은 세로토닌(더 정확히 말하면 세로토닌의 구성 요소)을 섭취한다. 그러면 신경 말단에서 더 많은 세로토닌이 만들어질 테고, 해당 자극이 일어나 더 많은 세로토닌이 시냅스 간극에 분비될 것이다. 시냅스 간극에 세로토닌의 양이 늘어났기 때문에 목표는 달성한 셈이다. 다만 그 세로토닌이 제 기능을 다 하지 못하므로 이 방법은 믿을 만한 항우울 효과를 보이지 못했다.

대신 나머지 세 가지 방식은 효과를 발휘했다. 둘째, 시냅스 간극에서 세로토닌의 분해를 억제한다. 그렇게 하는 약물은 훌륭한 항우울 효과를 내지만, 부작용으로 인해 투약하기가 쉽지 않다. 셋째, 포스트시냅스 수용체에 영향을 주는 방법 역시 현대 의약품에서 사용하는 작동 원리다. 오늘날 가장 많이 처방되는 약품은 네 번째 방법을 쓴다. 즉, 신경전달물질이 프리시냅스로 다시 흡수되지 못하도록 막아 시냅스 간극에서 그 물질이 작용하는 시간을 늘리는 것이다. 지금까지 신경전달물질인 세로토닌을 예로 들어 설명한 이유는 첫째 세로토닌이 우울증 탄생에 특별한 의미가 있기 때문이며, 둘째 선택적으로 세로토닌성(性) 신경에 작용하고 시냅스 간극에 있던 세로토닌이 프리시냅스로 다시 흡수되지 않게 억제하는 약물이 있기 때문이다. SSRI가 바로 그것으로, 요즘 가장 많이 사용하는 항우울제다.

세로토닌 말고도 우울증에 영향을 미치는 신경전달물질이 더 있다. 가령 노르아드레날린을 들 수 있다. 선택적 노르아드레날린 재흡수 억제제(Selective Noradrenaline Reuptake Inhibitor, SNRI)도 효과가 좋다. 또 세로토닌과 노르아드레날린에만 선택적으로 작용할 뿐 다른 신경전달물질에는 영향을 미치지 않는 약물, 즉 선택적 세로토닌-노르아드레날린 재흡수 억제제(Selective Serotonin-Noradrenaline Reuptake Inhibitor, SSNRI)도 있다.

이름만 들어도 복잡한데, 실제로는 더 복잡하다. 전혀 선택적으로 작용하지 않는 약물도 있어서 신경전달물질 전체에 영향을 미친다. 포스트시냅스의 메커니즘에 영향을 미치는 약물도 있고, 멜라토닌에 영향을 주는 약물도 있다. 종류는 아주 많다. 그러므로 약물 처방의 메시지는 심리 치료를 처방할 때와 다르지 않다. 요즘은 정신과 의사도 실력이 좋으려면 많이 알아야 한다. 그 점에서는 심장 전문의나 산부인과 의사와 별반 다를 게 없다.

어떤 약이 옳을까

당신이 정신 질환 치료를 위해 약을 먹기로 마음먹었다고 가정해보자. 이제 당연히 수많은 약 중에서 어떤 것이 당신에게 맞을지 궁금할 것이다. 어떤 약이 효과가 제일 좋으면서도 부작용이 제일 적을까? 심리치료사가 당신의 질문에 확실한 대답을 해주었다면 한 번쯤 의심해보는 것이 좋다. 그가 던질 수 있는 유일한 정답은 '모른다'니까 말이다. 딱히 신뢰가 샘솟는 답은 아니지만 그게 솔직한 말이다. 처음부터 한 개인에게 어떤 약이 제일 효과가 좋을지 말할 수 있는, 이른바 **표지자**(Marker)는 없다. 물론 그런 게 있으면 정말 좋을 것이다. 피를 뽑아 이것저것 측정해보면 어떤 약이 제일 좋은지 알 수 있다! 요즘 연구, 특히 유전자 연구의 주요 부분이 이 분야를 다룬다. 하지만 아직 일반적으로 인정받는 표지자를 발견하지는 못했다. 우울증과 정신병은 더더욱 그렇다. 그러니까 일단 먹어봐야 한다. 이에 대해서는 뒤에서 더 자세히 알아보기로 하고, 우선은 특정 약물의 선택에 영향을 주는 여러 요인부터 살펴보기로 하자. 사실 그 요인이 무엇인지는 우리도 잘 알고 있다.

사용 설명서의 기쁨과 슬픔

먼저 사용 설명서에는 약물 자체의 특성이 적혀 있다. 수많은 연구를 통해 우리도 잘 알게 된 내용이다. 앞에서도 말했듯 우리에게는 세로토닌성, 노르아드레날린성은 물론 다른 신경전달물질 체계에 영향을 주는 작용제가 있다. 통계적으로 보면 작용 강도는 약물에 따라 큰 차이가 없다. 하지만 부작용 프로필에서는 차이가 있을 수 있다. 많은 약이 구역감, 수면 장애, 피로감을 일으키고 혈액·신장·간 등을 손상시킨다. 환자의 증상 양상과 약물 프로필도 선택을 좌우한다. 그 두 가지가 딱 맞아떨어진다면 더할 나위 없을 것이다. 그러나 심리치료사가 들려주는 의약품 정보에만 의존할 이유는 없다.

약에는 사용 설명서가 들어 있으니 말이다. 그런데 이것이 기쁨이면서 또 부담이다. 사용 설명서에는 중요한 정보가 많아도 너무 많아서 그것이 오히려 마음에 짐을 안긴다. 제약 회사는 의약품 규제 기관의 지시에 따라, 혹은 법적 근거에 따라 자체적으로 가능한 한 모든 부작용을 사용 설명서에 기재한다. 하지만 그 모든 부작용이 언젠가 세계 어딘가에서 일어났다는 사실을 알고 싶은 사람이 어디 있겠는가? 알고 싶기에는 보통 너무나 많다. 그보다는 그 약을 먹었을 때 자신에게 어떤 부작용이 일정

정도의 확률로 일어날 수 있는지가 더 궁금할 것이다. 비행기를 타기 전에 비행기 추락의 통계 수치가 궁금한 사람이 어디 있겠는가? 비행기는 추락할 수 있지만, 그게 극히 드문 일이라는 사실은 누구나 다 안다. 그리고 비행기를 타지 않고서는 원하는 휴양지에 갈 수 없다면 보통 그 위험은 감수할 만한 가치가 있다. 사실 사용 설명서에는 지금까지의 실험에서 특정 부작용이 나났던 확률도 적혀 있다. 그런데 특히 향정신성 약물의 경우 환자는 일어날 수 있는 부작용만 기억할 뿐 극도로 낮은 발생 확률에는 관심을 두지 않는다. 설명서에 신장 기능이 저하될 수 있다고 적혀 있으면 발생 확률은 처다보지도 않고 무조건 약을 거부한다.

향정신성 약물은 이런 부당한 일을 자주 겪는다. 아스피린을 먹으면서 아스피린이 생명을 위협하는 출혈과 알레르기, 신부전을 일으킬 수 있다는 설명서의 내용을 읽는 사람이 있을까? 당연히 그런 일은 극도로 드물게 일어나므로 우리는 두통이 심할 때는 굳이 참지 않고 아스피린을 먹는다. 그런데 이런 정보가 향정신성 약물의 경우에는 다른 무게로 다가온다.

그럼 사용 설명서는 어떻게 읽어야 할까? 먼저, 읽기 전에 당신이 무엇을 위해 약을 먹으려 하는지를 상기하자. 증상 및 치료 기회와 약물의 부작용이 올바른 균형을 이룰 때에만 올바른 선택을 할 수 있다. 그러므로 치료를 위해 어느 정도의 위험을 감수할지 고민해보자. 당연히 우울증일 때는 그저 머리가 좀 아플 때와는 차원이 다른 고민일 것이다. 그런 다음 설명서에 적힌 부작용 중에서 가장 흔한 것에 집중해보자. 치료사와 이 문제를 의논하고 다른 대안이 있는지 의견을 나누어보자. 결국에는 신뢰의 문제다. 치료사의 조언을 믿고, 향정신성 약물의 품질을 믿고, 마지막으로 드문 부작용이 하필 당신에게 일어나지는 않을 운명도 믿어보자.

약물 선택의 요소

복용 중인 다른 약물과의 상호 작용 역시 또 하나의 선택 기준이다. 약물은 서로에게 영향을 줄 수 있어 한 약물이 다른 약물의 효과를 키우기도 하고 줄이기도 한다. 또 두 약물 모두가 먹기 괴로워질 수도 있다. 따라서 반드시 의사에게 복용 중인 다른 약물을 알려줘야 한다. 신체 질환으로 인해 먹는 약도 마찬가지다. 그런 상호 작용을 일으킬 수 있는 허브 의약품도 다르지 않다.

의사는 약을 처방하기 전에 당신에게 약물 부작용이 있는지

물을 것이다. 또 과거에 앓았던 질병이나 현재 앓고 있는 질병이 있는지도 물을 것이다. 약물 이력과 병력을 알면 부작용의 위험을 줄이는 데 도움이 된다. 가령 당신이 정신 질환과 아무 상관 없는 신장병을 앓고 있다면 의사는 신장보다는 간에서 분해되는 약물을 처방할 것이다. 그러면 안 그래도 기능이 떨어진 신장에 추가로 일을 시키지 않을 수 있다.

마지막으로, 증상 프로필 역시 약물 선택에 도움이 된다. 수면 장애가 심하다면 잠을 방해하는 약물은 가능한 한 처방하지 말아야 한다. 집중해서 일을 해야 할 상황이라면 피로도를 높이는 약물은 피하는 것이 좋다. 물론 모든 부작용을 피할 수는 없다. 어느 정도의 위험은 감수해야 한다. 그 대가로 질병 치료의 기회가 높아질 테니 말이다.

시행착오

이런 과정을 거쳐 무사히 처방을 받았다면, 이제 당신은 그 약물로 치료를 시작할 것이다. 하지만 아직은 시도일 뿐이다. 이유는 단순하다. 특정 약물이 특정 환자에게 효과를 발휘할지 어떨지 아무도 모르기 때문이다. 앞에서도 말했듯 우리에게는 믿을 만한 표지자가 없다. 더구나 우리의 지식은 실험을 통해 얻은 통계다. 요컨대 특정 약물이 큰 집단의 실험 대상 환자에게 얼마나 효과가 있었는지를 안다. 승인된 약물이 최소한 기존 약물만큼 효과가 좋으며, 기존 약물이 플라세보(Placebo)보다 효과가 뛰어나다는 사실도 안다. 그렇지 않다면 아예 승인이 나지 않았을 것이다. 나쁜 약에 허가를 내줄 리 없으니 말이다. 나아가 환자의 약 80퍼센트가 이 약물 중 하나에 긍정적으로 반응한다는 사실도 수많은 실험을 통해 알고 있다. 너무나도 많은 질병을 치료하는 너무나도 많은 각종 약물이 다 그렇다니 참으로 놀랄 일이다.

하지만 당신은 그 모든 정보에 아무런 관심이 없다. 알고 싶은 것은 당신이 그 80퍼센트의 반응자—즉, 약물에 효과를 본 사람—에 포함되느냐, 아니면 20퍼센트의 비반응자라서 효과를 못 보느냐 하는 것이다. 그런데 그걸 미리 알 수 없으므로 먼저 테스트를 해야 한다. 여러 약물의 효과 차이는 한 약물이 여러 환자에게서 발휘하는 효과의 차이보다 적다. 따라서 시행 오류는 어쩔 수 없다.

언제까지 기다려야 할까

이제 당신은 한 가지 약물로 치료를 시작하고, 대부분 용량을 조금씩 늘린다. 그런데 거의 모든 약물이 효과를 내려면 일정한 시간이 지나야 한다. 항우울제는 1~2주가 걸릴 수도 있다. 효과를 체감하지 못한다면 여러 가지 이유가 있을 수 있다. 무엇보다 당신이 비반응자일 수 있다. 혹은 약물의 용량이 충분하지 않거나 효과가 나타날 정도로 오래 먹지 않았기 때문일 수 있다. 그런데 대체 얼마나 먹어야 효과가 나타날까? 임상에서 자주 듣는 질문이다. 충분한 용량의 향정신성 약물은 대부분—내약성이 어느 정도 괜찮다고 전제하면—최소 14일은 먹어야 한다고 권고한다. 그래야 증상이 호전되지 않을 때 약효가 없는 것이라고 판단할 수 있다. 14일이면 적지 않은 시간이다. 증상만 해도 견디기 힘든데, 거기에다 걱정을 꾹 참고서 향정신성 약물을 계속 먹어야 한다니, 누구라도 얼른 효과가 나타나길 바랄 것이다.

그렇다 보니 적지 않은 환자가 너무 빨리 인내심을 잃고 만다. 치료사 중에도 그런 사람이 드물지 않다. 물론 이해는 되지만, 그런 반응은 문제가 없지 않다. 한 가지 약이 효과가 없으면, 보통은 다른 작용군의 다른 약으로 새로 치료를 시작한다. 가령 우울증 환자가 SSRI로 치료를 시작했다면 약효가 없을 때

SSNRI로 갈아탈 것이다. 하지만 약물이 효과를 낼 기회를 충분히 주지 않은 채 성급하게 갈아탄다면 결국 계속 약만 바꿀 뿐 아무 효과도 보지 못할 수 있고, 각각의 약물을 너무 빨리 중단한 탓에 실패했는지 어떤지를 알지 못할 것이다. 환자에게 심각한 상황이 아니라면 조금 더 인내심을 발휘해보라고 권하는 게 무엇이 그리 어려운가 싶겠지만, 상담의 주된 내용이 처방받은 약을 조금 더 먹어보라며 환자를 달래는 일일 때가 허다하다.

얼마나 오래 먹어야 할까

이는 약을 바꾸려면 얼마나 기다려야 할지를 묻는 앞의 질문과는 전혀 다른 질문이다. 여기서는 약효가 나타났다. 그래서 증상이 호전되었고, 나아가 아예 증상이 싹 사라졌다. 그렇다면 언제 약을 끊을 수 있을까? 이 역시 상담실에서 자주 듣는 질문이다. 이 질문에 대해 연구한 학술 실험도 정말로 많다. 그리고 그러한 실험의 결과는 항우울제나 항정신병제의 경우, 증상이 다 나은 후 1년 동안 약을 먹지 않으면 재발 확률이 크게 높아진다고 말한다. 병이 잠복해 있다가 약물의 보호막이 사라지면 다시 기어나오는 것 같다.

대부분의 지침은 항우울제의 경우 회복 후 적어도 1년은 더 복용하라고 권하며, 용량도 호전을 가져다준 양만큼 그대로 유지하기를 권한다. 이러한 권고 사항 역시 임상 치료에서는 설득 작업이 필요하다. 증상이 사라졌는데 약을 계속 먹으라고? 그것도 1년씩이나? 실험 결과는 그렇다고 대답하며, 그보다 더 긴 복용 기간을 권장하는 질병도 적지 않다. 가령 조현병은 여러 해를 더 먹으라고 권하고, 양극성 정동 장애는 평생 먹어야 할 수도 있다. 앞에서 약을 먹기 시작해야 할지 말지 고민했던 것처럼 여기서도 충분한 고민이 필요한 것이다.

이번에도 당신은 어떤 위험을 얼마만큼 감수할지 결정해야 한다. 게다가 자신한테 닥칠 위험이 어떤 것인지 전혀 모른 채로 다시금 통계 자료에 의지해야 한다. 필요하지도 않은 약을 괜스레 먹을 위험과 약을 너무 일찍 끊는 바람에 병이 재발할 위험이 마주 보며 서로 으르렁거린다. 그러나 이 책에서 언급한 질병들은 평범한 병이 아니다. 우리는 지금 감기 이야기를 하는 게 아니다. 그러니 효과 있는 약물은 증상이 사라져도 오래 더 먹으라는 권유가 괜한 것은 아니다.

마지막 단락은 특히 항우울제와 항정신병제, 그러니까 가장 흔한 정신 질환에 처방하는 약물에 적용된다. 질병이 달라 약물이 다르면 당연히 권유 내용도 달라질 것이다. 당신에게 정확히 언제 무엇이 필요한지는 치료사와 의논해야 한다. 만일—너무도 당연하게—여기서 내가 설명한 것과 다른 권고를 한다면, 치료사는 그 이유도 설명할 수 있어야 한다.

예전과 같은 사람이 될 수 있을까

약을 전혀 꺼리지 않는 사람이 있다. 통증이 있어도, 열이 나도, 당연히 심각한 질병이 발생해도 그들은 대부분 아무것도 캐묻지 않고 의사가 시키는 대로 한다. 그러나 이런 점에서도 정신의학은 약간 다르다. 정신 질환을 앓는 사람이 경험하는 증상은 보통 감정, 마음의 에너지, 결단력이나 판단력 같은 것과 관련이 있다. 그러므로 장애가 우리 인성의 핵심에 자리한다. 약물이 이런 증상에 영향을 미친다니, 그렇다면 내 인성의 핵심을 건드려 그걸 바꾸지는 않을까? 그래서 결국 나를 바꿔버리지는 않을까? "나중에 다시 예전과 같은 사람이 될까요?" 약을 복용하기로 결심하기 전에 많은 환자가 내게 던지는 이 질문은 그런 이유에서 충분히 이해할 만하다.

질문에 대한 정직한 대답은 이럴 것이다. "아니요, 당신은 달라질 겁니다." 앞서 나는 향정신성 약물은 뇌에서 효과를 발휘한다고 말했다. 감정 상태와 그 비슷한 정신적 경험의 핵심을 바꾸는 게 약물 복용의 목표다. 그 목표에 도달한다면 당신은 더는 과거와 같은 사람이 아닐 것이다. 하지만 이 말은 질병 그 자체에도 해당한다. 질병이 과거 인성의 이런 중요한 부분에서 당신을 변화시켰기 때문이다. 당신이 경험하는 모든 사건이 당신을 바꾼다. 당신이 경험한 정신 질환 역시 당신을 바꾼다. 그러나 환자들이 약물로 인한 인성의 변화를 걱정할 때는 대부분 다른 의미다. 약물이 그들을 자신이 바라지 않는 사람으로 만들 거라는 걱정이며, 자신도 어떻게 할 수 없는 변화가 일어나 자신의 경험 능력이 제한될지도 모른다는 걱정이다. 이런 걱정은 대체로 하지 않아도 좋다고 조언할 수 있다. 경험 능력의 중요한 측면을 바꾸어놓은 것은 약이 아니라 질병이라는 사실을 항상 잊지 말아야 한다. 약을 먹어서 이런 측면이 되돌아온다면 예전과 똑같은 사람은 아니겠지만 병을 앓기 전의 당신에게 다시금 더 가까워질 것이다. 중증 우울증의 경우, 마음이 공허하고 기력이 없으며 주변 사건과 사람에 관심을 잃는다. 약을 복용해 이 중요한 특성이 돌아올 수 있다면 나는 두 팔 벌려 환영할 테고, 내가 예전과 같은 사람이 될 수 있냐는 질문도 다르게 던질 것이다.

정신 질환의 경험은 한 사람을 바꾼다. 심리 치료와 약물도 그럴 수 있다. 중요한 것은 내가 앞으로 내 삶을 최대한 행복하게 살아갈 수 있다는 것이다. 그 과정에서 약물이 매우 유익한 수단이 될 수 있다. 정신 질환을 치료하면 좀비가 될 것이라는 허튼 말에 귀를 내주지 말자. 치료를 잘하면 정신 질환도 나을 수 있다.

모든 것은 균형의 문제

균형을 잃으면

지금까지 우리는 영혼의 질환, 요즘 말로 하면 정신 장애의 다양한 면모를 살펴보았다. 질병의 원인이 유전적 소인일 수도 있지만 삶의 무게, 트라우마, 다양한 방식의 스트레스도 정신 질환을 일으킬 수 있다. 그러나 우리는 아직 이 책의 첫머리에서 던진 질문에는 답을 찾지 못했다. 그 과정에서 영혼은 어떤 역할을 하며, 대체 영혼이란 무엇인가? '영혼의 질환'에서 아프다는 것은 무엇을 말하는가? '영혼'이라는 말이 아직도 필요할까? 그 말을 버리고 '정신'이라는 말로 대체할 수 있을까? 영혼이라는 말은 살짝 형이상학의 짐을 짊어지고 있다는 오이겐 블로일러의 지적은 옳다. 우리가 그걸 계속 사용하고 싶다면, 그 말에 눈에 보이는 확실한 부가가치가 있어야 한다. 그런 부가가치를 찾아서 다시 한번 앞에서 다루었던 내용을 돌아보자. 그 모든 내용의 바탕에는 우리가 반복해서 만나게 되는 공통된 원칙이 깔려 있다.

앞에서 우리는 정신 질환의 조건을 취약성 스트레스 대처 모델을 이용해 설명했다. 타고난 생물학적 소인이 스트레스에 노출되면 거기에 맞서 보호하는 힘이 출동한다. 그 목표는 현재의 예민도에서 보호하는 힘과 부담을 주는 힘의 균형을 맞추는 것이다. 균형이 모든 것을 관통하는 원칙이다. 정신 질환 치료에서 우리는 생물심리사회 모델을 따랐다. 치료는 생물학의 차원이고, 필요하면 약물을 이용하기도 한다. 하지만 앞에서 살펴본 다양한 심리 치료 방법에서 알 수 있듯 심리적 요인도 큰 몫을 한다. 체계적 치료에서는 사회적 측면을 강조한다. 그러니까 여기서도 균형 찾기가 중요하다. 생물적, 심리적, 사회적 성격의 다양한 힘이 우리에게 영향을 미친다. 균형을 찾으려면 그것들에 대항할 힘을 키워야 한다. 이 모든 것의 기본 원칙은 균형을 이루기 위한 꾸준한 노력이다.

체액과 현대의 건강 이론

이런 생각은 새로울 게 없다. 고대 그리스의—진정한 의미의 철학이 탄생하기 전부터 있었던—삶의 지혜도 여러 가지 힘의 균형을 출발점으로 삼았다. 그러다가 히포크라테스의 '담즙 이론'이 널리 호응을 얻었다. 맞다. 요즘도 의사들에게 윤리적 책임을 상기시켜주는 그 히포크라테스 말이다. 그에 따르면 인간의 몸에는 **혈액, 점액, 흑담즙, 담즙**이라는 네 가지 체액이 흐른다. 건강하게 살려면 이 체액이 균형을 유지해야 한다. 로마의 의사 갈렌(Galen)은 히포크라테스의 이론을 받아들여 이러한 체액의 균형을 유크라시아(Eukrasia), 즉 건강한 상태라고 불렀다. 〔균형이 깨진 상태는 디스크라시아(Dyskrasia)다.〕 그러나 고대 이집트에서는 히포크라테스 이전부터 그와 비슷한 주장이 있었고, 엠페도클레스(Empedokles)의 4대 원소 이론 역시 그 핵심은 균형이었다.

담즙 이론은 18세기와 19세기까지도 이어져 의학에 영향을 미쳤다. 현대 과학은 이런 주장을 폐기하거나 자연과학에 어긋나지 않는 일부만을 받아들였다. 그렇다면 과연 현대의 건강 모델은 무엇일까?

1994년 심리학자 페터 베커(Peter Becker)는 **스트레스 자원 모델**(Stress Resource Model)을 발표했다. 스트레스 연구와—건강의 생성 및 유지에 필요한 요인과 상호 작용을 연구하는—살루토게네시스(Salutogenesis)를 바탕으로 삼은 이론이었다. 스트레스 자원 모델은 사실상 우리도 잘 아는 이론이므로 아주 간단하게 설명할 수 있다. 즉, 중상과 손상이 없다고 해서 건강한 것은 아니다. 그보다 더 중요한 것은 자원, 다시 말해 긍정적 힘을 이용해서 부담을 주는 힘에 대응할 수 있어야 한다. 치료가 효과를 내려면 자원을 최대한 키워 스트레스를 최소로 줄여야 한다. 요컨대 현대의 건강 개념은 바이러스가 내 몸에 들어오면 감기에 걸린다는 식의 단순한 인과 원칙이 아니다. 질병의 원인 규명과 치료의 원칙은 균형이다. 취약성 스트레스 대처 모델은 현대 건강 연구에서 통하는 스트레스 자원 모델의 변형에 불과하다. 여러 요인의 상호 작용에 주목하는 이런 이론이 과거의 주장보다 설득력이 뛰어나다. 감기와 바이러스에 대해서는 나의 저항력과 다른 요인도 큰 역할을 한다.

영혼 조직

영혼을 단순히 육체 및 정신과 협력하지만 본질상 육체와 분리될 수 있는 하나의 원리로 보았던 선배 철학자들과 달리, 아리스토텔레스는 생명체를 살게 하는 힘이라고 생각했다. 따라서 인간뿐 아니라 동물에게도 영혼이 있고 일부 식물도 마찬가지라고 믿었다. 그 경계선은 육체와 영혼이 아니라 생물과 무생물 사이에 있다는 것이다. 지금 우리가 즐겨 쓰는 표현도 그런 의미다. 우리는 기계엔 영혼이 없다고 말한다. 아무리 훌륭해도 영혼이 담기지 않은 연주는 감흥을 주지 못한다. 그럴 때 우리는 기술은 완벽해도 영혼이 없다고 표현한다. 이런 영혼 개념은 되찾을 필요가 있을 것 같다. 특히 여러 힘의 균형을 건강의 기본 원칙으로 삼고, 균형의 장애를 질병의 핵심 원인으로 인정한다면 더욱 그러하다. 그러면 영혼은 건강에 필요한 균형을 지키기 위해 부담과 저항력을 통합하려 노력하는 통제 센터다. 이때도 영혼이 모든 것을 관통한다. 영혼과 두뇌 중 그 모든 일을 하는 게 어느 쪽이냐는 질문을 자주 받지만, 이렇게 보면 그 질문은 틀렸다. 앞에서도 언급했듯 경계선은 신체 및 신체의 일부인 두뇌와 영혼 사이에 있지 않다. 모든 것은 통합적인 이 영혼의 영향을 받는다. 힘의 평행사변형(평면 내의 동일점에 작용하는 2개의 힘 P_1, P_2를 두 변으로 하는 평행사변형으로, 그 대각선이 두 힘의 합력이다—옮긴이)에서처럼 내적·외적 힘이 목표, 즉 그 결과인 균형을 낳는다. 영혼 조직은 모든 것을 관통해 생명체를 살아 있는 존재로 만든다. 영혼 조직은 한 존재를 감싸 보호할 수 있지만, 부담이 과하면 찢어질 수도 있다. 구멍이 뚫릴 수도 있고, 부담이 너무 적으면 힘이 빠질 수도 있다. 영혼 조직이 스스로 힘을 끌어내 부담에 맞서기도 하지만, 외부의 도움이 필요할 때도 있다. 친구와의 대화가 그런 도움이 될 수도 있고, 종교인·의사·심리치료사가 도움의 손길을 내밀 때도 있다. 어쨌거나 영혼은 항상 생명의 기본 원리인 균형을 회복하려 노력한다.

독일 시인 에리히 케스트너(Erich Kästner)의 시 〈누구나 아는 슬픔(Traurigkeit die jeder kennt)〉에는 이런 구절이 있다.

슬픔은 아무 이유도 없이 왔다 간다.

마음은 공허로 가득 찬다…….

영혼이 편치 않은 것 같다…….

어쩌면 기분이 꼬인 걸까?

하지만 희망은 있다. 영혼은 균형을 지키려 애를 쓴다.

슬픔은 아주 금방 사라진다.

자주 오지만, 올 때마다 사라진다.

기분은 처졌다 나아졌다 하지만

영혼은 늘 다시 순해진다.

마지막에 위안 삼으라고 한 이야기는 아니라고 반어적으로 한마디 툭 던지지만, 케스트너의 시는 우리에게 위안을 준다. 영혼의 힘은 항상 균형을 회복한다. 이런 의미에서 보면 영혼은 순해진다기보다 씩씩해진다.

잘 사는 법

행복한 삶을 살려면 어떻게 해야 할까? 괴테도 늘 이런 질문을 던졌다. 이탈리아를 비롯해 세계 각지를 떠돌고 바이마르(Weimar)에서 중책을 맡아 정치의 쓴맛도 보았던 그는 온갖 경험을 바탕으로 단순한 삶의 규칙을 찾아냈다.

> 행복한 삶을 살고 싶다면
>
> 지난 일에 연연하지 말며
>
> 사소한 일로 성내지 말며
>
> 항상 현재를 즐기며
>
> 특히 사람을 미워하지 말며
>
> 미래를 신에게 맡겨야 한다.

의식적으로 경험한 현재, 그것이 비밀이다. 괴테의 이런 비법은 심리 치료에서 제3의 물결과도 흡사하다. 앞에서 언급한 '순간의 마음 챙김' 말이다. 그러나 이것만 있으면 영혼 조직이 생생하게, 안정적이게, 고유하게 유지될까? 이 질문에서는 괴테의 말을 반박해도 좋을 것 같다.

영혼의 질병은 우리에게 과거가 항상 우리와 동행한다는 사실을 일깨운다. 부정적인 경험도, 근심 걱정도 우리 것이다. "근심은 그냥 외면하라"고 한다면 너무 피상적인 규칙 아닐까? "눈을 감으면 아무도 날 못 봐"라는 말처럼 좀 유치한 생각 같다. 미래는 어떨까? 신이 운명을 좌우하니 나는 그냥 되는 대로 살면 될까? 어차피 애써봤자 내 생각대로 되는 것도 아니니 내버려둬야 할까? 여기서도 영혼의 균형이라는 비유가 더 적절할 것 같다. 과거의 기쁨을 돌이켜보면, 과거의 부담과 균형을 이룰 수 있다. 둘 다 나를 현재로 데려왔다. 균형이 잘 잡혀 있다면 행복할 지금의 이 삶으로 말이다. 근심 걱정 역시 나를 변화시켰다. 어쩌면 더 성장시켰으며 영혼의 조직을 더 키웠을 것이다. 다시 예전과 같은 사람이 될 수 있을까? 우리는 정신 질환 환자가 던지는 이 질문을 알고 있고, 그 대답도 알고 있다. "아니요!" 모든 것은 경험을 통해 바뀐다. 정신이 불안정한 시간은 큰 효과를 발휘하는 경험이다.

따라서 균형 상태를 정적이고 경직된 모습으로 상상해선 안 된다. 과거는 나의 현재 상태에 영향을 미치고, 그 상태를 계속해서 변화시킨다. 순간순간 경험할 때마다 새로운 것이 나의 현재에 영향을 준다. 이로써 우리는 두 번째로 중요한 삶의 원칙을 찾아낸 셈이다. 이 두 번째 원칙이 없으면 균형 상태도 좀 따분해질 것이다. 그러니 비밀을 하나 더 찾아낼 필요가 있겠다. 바이마르의 추밀고문관께서 이번에도 우리보다 한발 앞서 찾아낸 그 비밀을 말이다. 마지막으로 한 번 더 괴테의 책을 뒤적어보기에 앞서, 먼저 예상치 못한 장소에서 대답을 찾아보자. 그곳은 서커스와 벙커다.

줄광대와 벙커

서커스를 구경한 게 언제였던가? 아무리 오래되었어도 줄광대는 기억날 것이다. 가는 외줄에서 온갖 묘기를 선보이는 광대가 너무도 신기하고 놀라웠을 테니 말이다. 당신은 여태 몰랐을 수 있지만, 광대를 가만히 살펴보면 더 놀라운 사실을 깨달을 수 있다. 광대는 절대로 가만히 있지 않는다. 떨어지지 않으려면 줄에 가만히 서 있어야 할 것 같지만, 광대는 한시도 가만히 있지 않는다. 몸을 이리저리 리듬 있게 움직이면서 계속되는 불안정 상태를 해소한다. 규칙적인 움직임을 통해 안정을 찾는 것이다!

너무 힘들 때는 발 딛고 선 땅이 푹 꺼지는 기분이지만, 그래도 다행히 우리는 줄광대보다는 단단한 땅 위에 서 있다. 그러나 기본 원칙은 똑같다. 정지가 아니라 움직임을 통해 균형을 찾는다. 우리는 쉬지 않고 새로운 외부의 영향에 맞서야 하며, 쉬지 않고 새로운 내면의 힘을 키워야 한다. 삶이란 온갖 힘들의 쉼 없는 왕래다. 우리의 영혼 조직은 공격을 당하지만 언제나 새로운 방어력을 키울 수 있다. 물론 혼자서는 힘에 부쳐 다른 이의 도움이 필요할 때도 있지만 말이다.

서커스에서 얻은 깨달음은 자연과학의 최신 이론과도 일치한다. 심지어 기본적인 리듬 운동을 연구하는 학문이 따로 있을 정도다. 시간생물학(Chronobiology)이 바로 그 주인공이다. 시간생물학은 생명체의 규칙적인 시간 구조에 대해 연구하는 학문이다. 창시자는 독일의 생물학자이자 행동생리학자 위르겐 아쇼프(Jürgen Aschoff)다. 제2차 세계대전이 끝난 후, 그는 옛 벙커에서 한 가지 실험을 했다. 벙커에서 한 달을 살겠다고 지원한 실험 참가자는 대부분 대학생이었다. 참가자들은 외부와 연락을 끊었다. 시계도, 라디오도, TV도 볼 수 없었다. 자고 싶으면 자고 일어나면 불을 켤 수 있었다. 책을 읽거나 시험공부하기엔 더없이 좋은 조건이었다. 특히 취침과 기상 시간에 주목한 아쇼프는 이 실험으로 충격적인 사실을 알아냈다. 외부의 영향이 없어도 참가자들의 수면과 기상 리듬은 규칙적이었다. 하지만 그 주기가 24시간이 아니라 좀더 길었다. 대부분 25시간 혹은 그 이상이었다. 그래서 몇몇 참가자는 한 달이 지나 다시 밖으로 나왔을 때 생각보다 빨리 시간이 지나갔다며 깜짝 놀랐다. 낮과 밤의 주기가 길다 보니 한 달이 빨리 지나간 것처럼 느낀 것이다.

뒤를 이은 두뇌 연구는 위르겐 아쇼프의 원래 실험 결과에 덧붙여 수많은 이론을 제기했다. 덕분에 지금의 우리는 이런 내면의 리듬이 생리적 과정의 영향을 거의 받지 않으며, 심리의 영향도 받지 않는다는 사실을 알고 있다. 두뇌 신경세포에는 **시교차 상핵**(Nucleus Suprachiasmaticus)이라는 예쁜 이름의 부위가 있어 그것이 리듬을 조절한다. 아쇼프가 발견한 이 내면의 (내인성) 자체 리듬은 자연의 리듬에 따라 계속해서 바뀐다. 우리는 약 25시간인 우리의 내면 시계를 매일매일 자연이 정한 24시간에 맞추어 다시 고친다. 이럴 때 햇빛이 기상 신호로 활약하고, 멜라토닌 호르몬이 어둠의 신호이자 수면 신호로 작용한다. 우리는 심지어 우리 몸의 모든 세포에는 리듬을 정하는 **차이트게버**(Zeitgeber, 시간 제공자)가 있다는 사실도 알고 있다. 살아 있는 세포의 기본 원리인 이 차이트게버는 다른 언어로도 자리를 잡아

영어에서도 차이트게버라고 부른다.

이쯤에서 마지막으로 다시 한번 괴테를 인용해보자. 그가 이 진리를 처음으로 깨달은 사람은 아니지만, 표현에서만큼은 그 누구에게도 뒤지지 않으니 말이다.

그러나 모든 형체, 특히 유기적 형체를 살펴보면 지속하는 것, 정지해 있는 것, 완결된 것은 하나도 없고 모든 게 쉬지 않고 움직이며 흔들린다는 사실을 알 수 있다.

쉼 없는 움직임과 균형

모든 생명체의 쉼 없는 움직임, 그리고 균형을 향한 여러 힘의 꾸준한 노력. 이 두 가지 원칙은 서로 협력하며 삶의 기본 원칙으로 작동한다. 둘 다 자연에서 통하는, 괴테의 표현을 빌리면 "모든 형체, 특히 유기적 형체"에 적용되는 기본 원칙이다. 인간 역시 유기적 형체이므로 이 원칙의 지속적인 영향을 받는다. 이런 깨달음은 쉬지 않고 움직이는 자연적인 신체 과정을 넘어 인간의 인생 전체에도 해당하며, 당연히 행복한 인생을 꾸려나가는 데에도 적용된다. 모든 것이 계속해서 움직이고 새롭게 만들어지기에, 우리의 영혼은 항상 내면의 균형을 추구하며, 그 균형을 잡기 위해 쉬지 않고 일한다. 균형과 움직임, 둘 다가 있어야 충만한 삶, 그야말로 영혼이 충만한 삶을 살 수 있다. 너무 많이 흔들려도 좋지 않고 너무 적게 흔들려도 좋지 않다. 균형을 생각하면 저울을 떠올리기 쉽지만, 여기서는 저울의 비유가 적절치 않다. 저울은 멈추므로 생명체와는 다르다. 인간에게서 정지는 추구해야 할 상태가 아니다. 그보다는 쉬지 않고 움직일 수 있는 능력에 잠재된 그 안정과 강인함이 추구할 가치가 있다. 그것이 우리가 새롭게 이해한 균형이다. 여정에 오를 때, 움직일 때, 경계를 탐색할 때, 새로운 경험에 거듭 자신을 내던질 때, 새로운 관계를 맺을 때, 실망할까 봐 겁내지 않고 새 친구를 사귈 때, 사랑의 모험에 뛰어들 때, 위험해도 불안해도 낯선 것을 마주할 때 우리는 이 다른 방식의 균형에 도달하고, 더불어 굳건한 영혼의 안정에 도달한다. 굳이 괴테처럼 슈트라스부르크 대성당에 오르거나 이탈리아 여행을 하지 않아도 우리는 개인에게 맞는 움직임, 자신의 안정을 찾을 수 있다.

그 과정에서 작은 불행들이 우리를 기다리고 있을 것이다. 때로는 큰 불행도 기다리고 있을 것이다. 움직임이 선사하는 안정을 뒤흔들 수 있는 그런 불행이 말이다. 따라서 영혼이 계속해서 개입하고 저항력을 동원해야 한다. 도전을 받지 않으면 영혼은 약해지고 만다. 근육과 같다. 움직이지 않으면 줄어든다. 영혼도 근육처럼 끊임없이 훈련해야 한다. 훈련이 영혼을 강하게 만든다. 심리치료사 같은 외부의 도움이 필요할 때도 있다. 목표는 정지가 아니다. 삶의 근본적인 흔들림을 되찾아 불행을 이겨내는 것이다.

정신 질환을 앓으면 이런 형태의 역동적 균형을 잃게 된다. 질병에서 건강으로 나아가는 길에 목표로 삼아야 할 것도 바로 그러한 균형이다. 당연히 경험이 우리를 좀더 조심스럽게 만들 수 있다. 흔들림의 폭은 사람마다 다르다. 갖추지 못한 능력이 그 폭을 줄인다. 만성 질병, 정신 질환 역시 그럴 수 있다. 그러나 폭이 좁다고 해도 항상 핵심은 역동적 균형에 담긴 생명력의 회복이다. 우리가 영혼이라고 부르는 것이 바로 이 생명력이다.

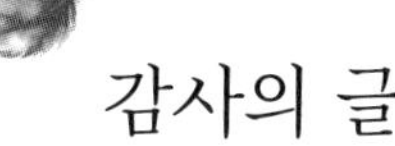

감사의 글

상담 내용을 공개해도 좋다고 허락한 환자들이 없었다면, 이 책은 태어나지 못했을 것이다. 나를 믿어준 그분들께 진심으로 감사드린다. 하지만 그분들이 내게 경험담을 털어놓은 것은 내 책을 위해서가 아니라 진단과 치료를 위해서였다. 따라서 당연히 그분들의 인적 사항은 생략했다. 나아가 나는 그분들이 이 책의 글쓰기 방식에도 동의해주었으면 좋겠고, 정신 장애에 대한 이해가 높아지길 바라는 내 마음도 함께 나누었으면 좋겠다. 여기에 담긴 모든 기록은 개인의 운명에 대한 존경과 그 운명에 맞선 용기에 보내는 찬사로부터 탄생했다. 소개한 모든 사례는 내가 직접 진료한 환자들의 것이다. 혹시라도 환자의 신분이 드러날지 몰라서 몇 가지 정보를 바꾸었다. 건축가인 직업을 구급대원으로, 치료 장소인 뤼벡을 바젤로, 등산을 좋아하는 환자의 취미를 요트로 바꾸는 식으로 말이다. 하지만 질병이나 그 결과를 이해하는 데 중요한 측면은 있는 그대로다.

대학 시절 뉴질랜드 병원에서 일한 적이 있는데, 소아과 병동에 회진을 돌다가 중증 지적 장애를 앓는 한 소년을 만났다. 수은 중독과 관련 있는 희귀병이어서 아이는 항상 침대에 누워 있고 말도 할 줄 몰랐다. 그런데도 누가 침대로 다가가 말을 붙이면 활짝 웃었다. 나는 담당의였던 비즐리 박사(Dr. Beasley)와 그 환자에 대해, 인간의 존엄성과 의사의 본분에 대해 많은 이야기를 나누었다. 여러 지점에서 내 눈을 열어준 그분께 머리 숙여 감사드린다. 물론 나는 그 소년을 자주 보지 못했다. 이름도 오래전에 잊었으며, 아마 벌써 한참 전에 세상을 떠났을 확률이 높다. 그래도 나는 그 소년에게서 많은 교훈을 얻었다. 그가 환하게 웃으며 행복해할 때는 특히 그랬다. 비즐리 박사와 그 소년 환자에게 진심으로 감사드린다. 정신 질환을 다룬 책이지만, 당신도 이 책을 읽으며 몇 번 웃었다면 참 좋겠다.

초고를 읽고 소중한 조언을 아끼지 않은 나의 친구들, 한스 요아힘 힌리히센 교수(음악학자), 페터 샤버 교수(철학자), 롤프디터 슈티글리츠 교수(심리학자)에게 감사를 전한다. 그럼에도 책에 실수와 오류가 있다면 당연히 전적으로 내 책임이다. 이 책을 담당하며 크고 작은 조언을 아끼지 않은 C·H·Beck 출판사의 편집자 슈테판 볼만 박사께도 감사드린다. 이 책에 영혼을 불어넣기 위해 우리는 정말이지 열심히 함께 노력했다.

마지막으로, 책을 쓰느라 함께하지 못한 나를 이해하고 늘 지지해주는 우리 가족에게 감사의 인사를 전한다. 이 책을 자비네, 한나, 사라, 레오니에게 바친다.